文明破滅の危機と日本

日本人は世界を救えるか？

松田康男【著】

北樹出版

はしがき

今日、人類の文明の行方に不気味な怖れを感じないで生きている人は少ないと思う。例えば、温暖化が脅威を増しつつある一方、現代の科学技術の進展は異常であり、その中から人工知能（ＡＩ）だけをとっても、このままの延長線上を人類が走り続けるならば、一体その先はどうなるのか、人間よりＡＩのほうが優れていて役に立つという日がすぐにやってきてしまうのではないか、などの、不安を思わず抱いてしまう。

このまま何もしないでいては世界は大変な事態に遭遇しそうである。なぜこういう不安感を抱く世界になってしまったのか、その拠ってきたる根本的原因は何かを探り、それを勘案しつつ今後どう考え行動して生きて行ったらよいのか、についての『提言』をすることが本書の目的である。

特に若い世代、次の世代、次の次の世代等、これからを生きていく人々の時代を真剣に思いつつ筆を執った次第である。

私は「グローバル」という言葉が嫌いである。用いられる文脈、用いる人の思想、等により著しく異なる意味になってしまうからである。しかし、今後たとえトランプ政権のアメリカのように「一国主義」の国が増えたとしても、他国や世界との関係抜きに国家が存立しえないということがこれほど普遍的になっている時代は、人類の歴史に於いてほかにないということは確かである。

その中で本書は「世界をこれからどうすべきか」について書いている。そういう広い文脈でグローバルと言うならばそれもよいと思う。

その上で、「世界がこれから救われるための鍵は日本人にある」、との論旨を展開したい。だが同時に、今の日本人のままでは、そのような世界貢献はできない、ということも述べたい。

これからの社会を担ってゆく人々、既に担いつつある人々、これまで社会を担ってきて、これからは次世代以降のことを考えるべき立場にいる人々など、日本人の幅広い人々に是非読んで頂きたい。

本書には、少しでも社会に接した経験のある人には実感できることが多々あると思うし、まだ実社会に出ていない人には、「日本の社会に現実に接するようになったときにどういうことになるのか、更には欧米人のような外国人と接すると日本人とはどう違うのか」を先に垣間見ることができる効果もある、と密かに自負している。

こういう本は、宗教学・哲学・芸術などの人文科学のみでなく、政治学、経済学、社会学、社会心理学等の社会科学全般について非常に学際的でなければならない。現代ほどそういう学際的なことが役に立つ時代はないと思う。大学時代から人文科学・社会科学を広く学んできて、それらを（会社。特にその中で外国人と接して）実社会での経験と結びつけて生きてきた私は、日本人の中で条件に恵まれてきたと思っている。

その一端を示すことを自己紹介を兼ねてここに述べさせて頂きたい。

私は大学での学者としての経験はない、在外体験を含む元会社員である。ドイツのボッシュという、自動車部品で世界的に有名な企業に勤めていた。七年弱に及ぶアメリカ駐在やドイツ人達と一緒に世界の拠点を回る数年間の仕事など、「アメリカ人と日本人」、あるいは「ドイツ人と日本人」という、何らかの「異文化の摩擦や協調」が私を取り巻いていることが多かった。

その中で自ら異文化体験をしてきただけでなく、「アメリカ人やドイツ人との関係に悩む日本人」の相談にのる以上にむしろ「日本人との関係に悩むアメリカ人やドイツ人」の相談にのることのほうが多かったように思う。私の中にはこのような体験が無数にある。豊富な経験をさせてくれた会社に深く感謝している。

しかしそれだけではない。私の亡き父は青年期特有の深刻な悩みがあったようで、それは学徒出陣であったことから太平洋戦争とも関係していて、私が生まれる前から複雑なものに発展していたと思われる。そして私が三〇歳のとき、当人にしかわからない戦争のことを引きずっていたのか、あたかもなかば自分で死を求めたかのようにして六〇歳で亡くなった。

私はそんな父を見続けて育ったのであり、高校くらいから哲学や宗教に関心を持つようになり、安田講堂事件直後の東京大学法学部に入学すると、駒場の教養学部に在籍していた頃から盛んに哲学・芸術・宗教に没頭し、本郷に進学してもそれはやまなかった。

また、自分が政治学・経済学・社会学などの社会科学の方面に才能がありそうだと気づいたのもこの頃で、法学部での勉強に拡げて社会科学の本も随分と読んできた。

実は入学試験の前の晩に、郷里の熊本での事業に失敗して先祖代々の家屋敷をすべて騙し取られた父が、まだ五〇歳くらいだというのに頭が全部真っ白になって、鍋釜を積んでポンコツ車をひとりで東京まで運転して、家族の住む東京に帰ってきた。

その後、私は大学時代に文学部に転部したいと考えた時期もあったが、経済的に苦しく、働きながらでは文学部に行ってもまともに勉強する時間が取れそうもないので諦めた。人文科学や社会科学の勉強をその後も、今までの人生の中で折に触れて自分で継続することになった。

そして卒業試験が終わり卒業式までのわずかの間に、それまでの労働や精神的ストレス等無理がたたり、重篤な病気に罹って四〇日間ほど入院し、退院したときには後遺症で視力が著しく減退しており、特に右目の視力がほとんどなくなっていた。なんとか視力が回復してきた後、卒業後一〇年ほどしてボッシュに就職したのである。

ここで、全体の構成について述べておきたい。第一部は「一般的提言」である。これは円環構造的でやや複雑なので、次に進む前に「一般的提言」の全体像を再確認して頂くために「第一部のまとめ」をつけた。第二部は第一部の考えに基本的に依拠した具体的提言である。これは第一部の「一般的提言」の「適用例」であり、将来、更なる具体的提言（例えば「科学技術の方向性論・具体的管理方法論」）が必要になるかもしれない。いずれにせよ、読者は第一部の一般的提言の意味を第二部の具体論を通してよく実感することになると思う。付録は第一部第3章第4節・第5節で述べる「日本人の相対化傾向」の「例証」を「ニーチェのニヒリズムを突き抜けたところにあるもの」と「日本に於ける仏教的無常観を突き抜けたところにあるもの」の比較を通して展開しているもので、本来は第一部第3章第5節の直後に置かれるべき内容であるが、「例証」はそれ自体かなりの分量があり、「本書の内容が円環構造的である」ので、その全貌が完結する前にこれを置くと全貌の理解がしにくくなる懸念があると思い、付録として独立させた。しかし、第一部第3章第4節・第5節の具体的イメージ形成に関するものなので、第二部の具体論に入る前に付録を先に読んで頂くのも一つの方法である。その場合は第一部のまとめを先に見て頂くのもよい。

とはいえ、第一部のまとめだけを読めば手っ取り早く本書全体が理解できるとしてしまうと、もともと世界的に広がりのある歴史も含めた現代の文明全体を相手にするのでそんなに単純ではない。従って、本文全体を通し、是非ご理解を頂きたいとするのが著者の願いである。

なお、念のため一言したい。本書では仏教（大乗仏教の中の、中国の唐の時代に完成に至った華厳《けごん》思想）がかなり登場するが、本書は仏教宣揚の書ではなく、私自身特定の仏教教団に信者として関わっているわけではない。そもそも仏教は宗教というより哲学であり、大乗仏教の華厳思想はその中でも最も哲学的であると思う。ではなぜ華厳思想が出てくるかというと、「新しい社会思想を創るためのアイデア」を華厳思想から「借用」するためである。「新しい社会思想」のためには華厳思想が最も有用であると思う。その理由は本書を読んで頂ければ自ずと明らかになると思っている。そして、本書は「社会思想」を論じているのであって、哲学に関する書ではない。

最後に読者の便宜のために注記したいが、文中の注番号は巻末の文献一覧に対応する番号である。一つの番号が複数回出てくることもある。

令和二年一月

著　者

目次

第二部　具体的提言

付録　ニーチェのニヒリズムと日本の『無常観』の比較
――「中空」「汎神的『気』」（併せて「日本人の相対化傾向」）の例証――

文明破滅の危機と日本

——日本人は世界を救えるか？

はじめに

本論に入る前にいくつか付言したいことがある。

先に私は学者の経験を持たないと書いた。しかし、私は学者の方々に非常に感謝している。そういう方々の本を若い頃から読み続け、それらを実社会で起きることや私自身の体験に重ね合わせて考え続け、私は生きてきた。従って、文科系の学者達がいなければこの本も書けなかったことは間違いない。

本書は「すべてが私のこれまでの研究と直観に基づく仮説である」と断っておきたいが、学者の立場ではこのようなことはなかなか難しいと思われる。自分の専門範囲内で、「先学の本や、何らかの客観的なものに拠って」論証されることとしか書けないという原則があるからである。しかし、私は専門の学者としての経歴はないからそのような立場上の制約はない。とはいえ、私も学問的客観性に本書でも敬意を払っている。そして、異文化体験をさせてくれた企業に勤めた経験に裏打ちされたことを書くので、本書に展開されていることには、日本人なら誰でも同感してくれることが多いであろうことを信ずることができるのである。

因みに、本書には私が比較思想学会（宗教学・哲学。以下「比思学会」）や地球システム・倫理学会（環境論、脱成長の経済学・社会学等。以下「地倫」）で発表した論文の内容も出てくるので、私に学者の経歴があるかのように誤解されるかもしれないが、そうではない。例えば比思学会には発足時から初代会長の中村元先生のお考えに「社会に門戸を開こうとする」傾向があったと言う。そこで私も定年退職後に入会し、発表の機会を得た次第である。これらの学会についてはネットに出ているから興味がある方は参照して欲しい。

私は学者でない以上、本書に於いていかなる学問的論争にも関与するつもりはない。直接に引用した文章そのもの以外は、それらの引用を私の文脈のどこに持ってきたかも含めて、すべてが私の直観的仮説であり、私だけに責任がある。

そして、およそ引用というものはどの書物であっても大なり小なりその著者の文脈に於いて他の著者の著作から引用するという宿命を免れず、読者は私の文脈とは別にそれらの著作の著者にはそれぞれの文脈があることを忘れないで欲しい。また、本書で引用する本はどれも非常に優れており、日本人なら誰もが読む価値が大いにあると思うので是非読んで頂きたいと思っている。

本書では理解を深めて頂くための「脱線」が起きることがある。しかしそのほうがわかりやすいし、第一面白い。最初から最後まで面白く理解して頂こう、という方針である。もちろん脱線と本論を総合すると「一つの理論的な枠組みの全体構造」ができているようにしており、また、脱線があっても本論に戻るときにはそれが有機的に活きてきて、全体構造が却って見えやすくなるように工夫した積もりである。

では、さっそく脱線から始まる。

私が永年慣れ親しんできたドストエーフスキー（フョードル・ミハイロヴィッチ・ドストエーフスキー。一八二一〜一八八一年）の小説に『地下室の手記[1]』という短編がある。後半は物語だが前半は独白、といった構成で、独白部分の最初のほうの数ページだけでも読んでみて欲しい。ひねくれ者の地下の孤独な住人が繰り言を長々と続けるのである（例えば、病気になったって医者になんか行ってやるものか、しかしそういうことを言って一番損をするのは自分だということは百も承知の上だ）。一人だけで自問自答し続ける愚痴のように聞こえるかもしれない。しかし、注意してよく読めば、実に味わうべきことが沢山含まれているのである。これは我々の現実の生の真の姿・こころではないか、この原点をスキップしてできあがっているようないかなる宗教・哲学・芸術も信用できない、と思うほどの魅力がほとんど一行ごとにある。しかし、独白部分を全部正面から受け取りながら無事読み終えることのできる日本人は少ないと思う。

この本をドイツ語訳で読んだあるドイツ人と議論したことがある。その人は「この地下の住人の延々と続くような繰り言は一口に言って『近代西洋科学技術に基づく近代的合理主義への異議申立＝非合理主義の宣言』だが、非合理主義の敗北をすら認める言説まで見られ、『ドストエーフスキーの脳みそによる思考様式がいかに多面的流動的で実存的変転の魅力に富んでいるか』を十分に味わうことができて興奮した」と言っていた。

日本人からはなかなか出てきそうもない感想だと思って聞いた。「思想というものは本来活きたものであり、特にドストエーフスキーの場合は極端に言うと一行ずつ動いてゆく動的思想である（それもしばしばダイナミックに）」、ということを痛感する作品である。しかもこの短編はドストエーフスキーの作品群の中でも重要度が高いと言われている（例えば、フランス文学に於いて著名なアンドレ・ジッド（一八六九〜一九五一年）はこの作品を「ドストエーフスキーの全作品を解く鍵」と言った）。

しかし、こういうことを感じたり味わったりできる人はもともと日本人には少ないと思う。その理由は次を読めばわかると思う。

なぜこの例を出したかというと、文科系的なこと（宗教・哲学・芸術・種々の社会科学等）で複雑なことを日本人ほど敬遠する国民は世界的に見て少ないと思うからである（以下「文科系的複雑さからの日本人の逃避傾向」）。これが日本人の最大の欠点の一つであり、本書を無事読み終えることができた人はその点で自信を持ってよいと思う。そういう「効用」も本書にはある。まさか「地下室の手記」ほどには本書は複雑ではあるまい。

永年私が研究してきたニーチェ（フリードリヒ・ヴィルヘルム・ニーチェ。一八四四〜一九〇〇年）を例にこれを更に説明してみよう。一般の日本人でニーチェを多少かじっている人は結構おり、そういう人と話をしていると「あなたはニーチェ研究の学者になればよかったのに」と言われることがよくある。

しかしニーチェはバーゼル大学古典文献学教授の地位を追い出された人である。「ニーチェの考えが学者的でない」という理由である。

このことへの恨みというわけではないだろうが、ニーチェはしばしば学者を攻撃している。「創造力がない」、と言うのだ。前述のように私は学者を尊敬しているから一般論としては賛成できないが、ニーチェがこう言うときにはニーチェ哲学の内容から出てくる批判であるので、その見地からその言に耳を傾けることが必要である。だが、今はこれ以上立ち入らない。後ほどニーチェにまた言及する。

従って、「ニーチェを学問的に研究する」ということは一歩間違うとニーチェに嘲笑されかねない。こう説明しても、しばらくニーチェの他の話題などを続けて話していると、特にその相手の人が知らずにいたようなニーチェの考え方の深いところにまで入ってゆくと、いつしかまた「学者になればよかったのに」が出てくる。こうなると「文科系的複雑さからの日本人の逃避傾向」がついに「文科系的に複雑なことをすぐ学問の問題にして事実上博物館入りさせる傾向」に通じることを感じざるをえない。

断っておくが、学問とは本来博物館的なものではない。しかし、日本人がこういう逃避を無意識にしてしまうときは、やはり学問をそう見ていると感じざるをえない。

私は大学のときに文学部に変わることを諦めたと言ったが、もし変わるならニーチェを研究しようと思ったこともあった。しかし、「むしろ会社などに入って世の中で普通の人達と接したり、理不尽な目にあったりする中でニーチェを考えるべきではないのか。学者にならなければニーチェ哲学は理解できないなどということが正しい考えであるはずがない」と思った。

かく言うことがニーチェを大学で専門にしている学者の方々の研究の価値をいささかも損なうものではないことは言うまでもない。私が言いたいことは「学者にならなければニーチェはよくわからないと思うとしたら、それは間違っている」ということである。

ところで、文科系の学者の人と話すと、私が話すような内容を専門としない人でもたちどころに理解するだけでなく、人によっては感激すら示す。これは彼等が複雑で難しいことを考えることを職業としてきていて、そういうよさが身についているからである。

しかし、そういう人しか「文科系的複雑さからの日本人の逃避傾向」を免れていないとしたら、学者の人にしか私の主張は伝わらなくなってしまう。なんとか平易な日本語で私の思想を伝えたい、というのが私の切なる願いであるので、わかりやすさについて私なりの努力をして書いた。

ところで、はしがきに書いたように、本書は非常に幅広い文科系的学際の本である。なぜそうであることが望ましいのかを実感できる例を一つだけ挙げておく。この例は直接的には人文社会科学の話ではないが本書のあり方に本質的な点で共通するものがあるし、私の本能とも共通しているので、面白い脱線の一つとして読んで欲しい。

私が永年関心を持って研究してきている過去の偉人の一人である、ドイツの作曲家（というのは実は正確でないがその理由はすぐ後に述べる）ワーグナー（ヴィルヘルム・リヒャルト・ワーグナー。一八一三～一八八三年）の芸術について、ドイツの文豪トーマス・マン（一八七五～一九五五年）が言ったことを、専門書からの引用では難しくなるので私の言葉で簡潔に表現する（因みに本書では私の言葉で種々の人物の考えを述べることがある）。「ワーグナーは偉大なディレッタントである」（松田注：何でも広く興味を持つ好事家であるというような意味）と。「ワーグナーは全体に於いて初めて正当で偉大である」とも。つまり、音楽の専門家として見るのでは狭すぎ（従って「作曲家」と呼ぶのは好ましくない）、ワーグナーの持つ巨大な範囲の才能（哲学、宗教、言語学、神話学、ひいてはフロイトやユングに先立つ精神分析学的才能等々）を「総合的に有機的に結び付けたものがワーグナーの作品である」という主張であると思う。

このようなワーグナーに於ける「巨大な問題の広がり」が、およそ他のどの音楽家にも考え難いような膨大な量のワーグナー芸術に関する研究文献を世界中で産み出してきていて、論者の顔ぶれも音楽専門家以外の分野が非常に多いという特徴がある理由である。例えばニーチェのような哲学者による論評も多い（ワーグナーとニーチェは互いに直接の知り合いで、両者の関係は面白いが省略する）。ということは、それだけ有用性が高いということである。ワーグナーの作品は人文社会科学の宝庫のような観がある。従ってトーマス・マンのように「ワーグナーは音楽ではない、それはすべてである」という趣旨のコメントも出てくるのである（因みに、私見では「ワーグナーは音楽を作曲する中でしか哲学できない人類史上空前絶後の才能」である）。私は教養学部のときにワーグナーを知ってすぐに種々のワーグナー評論を集めた本を読んで驚嘆した。ワーグナーこそ「広さが成功の大きな原因の一つである」人である。

もちろんワーグナーのような天才に私を引き比べるような不遜なことは毫も考えていないが、本書で非常に重要な部分を占めるユング・河合隼雄の「社会心理学」は、思い返してみるとそれらの「無意識の心理学」の先駆者と言えるワーグナーに触発されてのことであったし、「総合性」に関して少しでもワーグナーにあやかりたいものである。

ここまで読まれた読者の中には「この著者はあまり日本人的ではないのではないか」と感じた人も出てきているかもしれない。実際ドイツ人達と私が話しているときにしばしば「あなたと話していると、こういう人が日本人の典型であると思うと大きく間違うのではないか、という気がしてくる。ドイツ人と共通する要素もかなり感じる」と言われた。「でも私は日本人である。ドイツ人と日本人の発想の違いをよく感じるからである。しかし、もしあなたがたが日本人に悩むのであれば私は一番よい相談相手の一人かもしれない」と答えておいた。

そういう私の特性を活かしながら書いたので、本書の効用の一つに「外国人との文化摩擦にどう対処したらよいかのバイブル」の一つとしても使えると言えるのではないかと思う。

私の経験は主として欧米人とであるが、中国人・インド人・東南アジア人……など、他の民族についても読者なりに多少の修正をかけてゆけば、日本の主張をするときなどに使えるのではないかと思う。

第一部　一般的提言

第1章　一般的提言に至るまでの方法論

さて、本論に入ってゆくが、私が本書で展開する『提言』は「円環構造的」である。従って、すべてを順序を追って説明することが難しい。そこで適宜脱線を繰り返す。円環構造の場合、結局そのほうがわかりやすい。

まず最初に、「今の世界のあり方をこのまま延長してゆくとどういうことになるか」を考えなければならない。

製造業の会社に勤めたことのある人なら会社で学んだことが多いと思うが、例えば品質改善などは①「何が問題なのか、何が悪いのか」、②「あるべき姿は本来どういうものなのか」、③「そのギャップが生じてしまった原因は何なのか」、④「その原因に鑑みて、どうすればそのギャップを今後埋められるのか、どう改善すればよいのか」というふうに考えることになる。

本書も基本的にはこのような思考方法に基づく展開になる。ただ、本書の方法論の理解のために、このステップをもう少し詳しく述べておくとともに、全くこの通りでもない事情を説明しておく。

論理的には①の「何が悪いのか」は、それより先に②の「あるべき姿」が決まっていないと出てこないはずである。例えばエアコンが「決して故障しない」ということはありえず、もしそのようなエアコンを無理に作ろうとしたらべらぼうに高くなって普通の人には買えなくなってしまうかもしれない。従って、何らかの基準を決めるしかない。その基準に照らして許せないような不具合が見つかったときに、原因分析や対策が問題になる。

だが、もう一つのアプローチもありえる。①②③④を同時相関的に決めてしまうのである。現実にはこのような方法もありえると思われる。これらは互いに密接な関係にあるから、そうしたほうがやりやすいことがあるからで、本書も後者のアプローチをとる。

但し、ここで強調しておきたいことは、③の原因分析が非常に重要であることである。これが不十分であれば④の「問題克服の方法」も有効でなくなる。従って「何が根本的原因なのか」について本書では特に留意した。そしてもう一つ、更に複雑さをここに付け加えさせてもらいたい。「根本的原因を除去」してもそれだけではまだ完全に有効な対策に至らない場合がある。更に残る問題とは何か。これらについては次の第2章で述べる。

第2章　現代世界の文明的問題・その根本的原因

品質を例にとれば、何を悪いとし、何をあるべき姿とするか、はその会社の方針決定に拠るから、本書の場合も「私の方針決定」で述べてゆくことになる。これが「世界中の多くの人々が受け入れて賛成すると思われる方針決定である」と私は思っている。

では、「今の世界のゆき方の何が悪いか」に移ろう。

冒頭でも触れたが、「今の世界の悪い点」は、ＡＩの進展などに見る、人類の文明が「ほとんど欲望を拡大・充足する方向のみに加速」し、ますます地球環境が破壊され、かつ、非人間的なことが増えてゆく、そして人類は方向転換できそうにない、ゆくところまでゆくしかない（ゆきつく先は私は文明の破滅の危機と思う）ということである。

因みに、ＡＩそれ自体が悪いとは一概には言えない。ＡＩが人間を助けることもある。しかし、技術というものは一般に無色透明で、同じ技術が人間を助ける方向（例えば人手不足を補う）にも人間を害する方向（同じ例で人手不足が解消したのにAIが進展して失業を増やす）にも使えることが多い。文明が「欲望を拡大・充足する方向」に加速する状況の中で、助ける方向にのみ用いて害する方向には用いない、というコントロールを人類が有効になしうるという保障は今のままの延長線上にはない。

これが人類の将来を見ての「悪いこと」であり、「そこから一日でも早く抜け出して健全な方向に転換すること」があるべき姿となる。一言で言えば「文明が破滅する方向から破滅しない方向に、人類が方向転換すること」が今求められているのである。

この「悪いこと」をもう少し分析してみよう。「欲望の拡大の方向」は大きく次の二つに分けられるが、この二つは密接に関連していて一つでもある、と言えよう。

まず一つ目として「経済成長を追い続けていること」が挙げられる（以下「経済成長至上論」）。世界的な環境破壊の進行や温暖化もこれが根本的原因である。

「成長を無限に続けながら地球環境も同時に保全し続ける」ことは理論的に破綻している。地球環境と言うとき、それに資源まで含めて考えれば誰にでもわかる。資源は有限だからである。仮に太陽エネルギーが世界的に安く大量に使えるようになったとしても、その他の多くの資源を人類は必要とする。また、エネルギーが安くなったと言って人類が更なる大量消費に走ったりしたら、他のボトルネックの資源の枯渇が早まってしまう。しかも、今は人類の歴史始まって以来の巨大人口である。中には「増やしながら使える資源」もないではない。例えば漁獲量を魚が増える量以内に制限すれば枯渇することはないであろう。しかしそれができない資源も沢山ある。

それに、民主主義というものが「増やしながら使える資源」すら破壊しつつある。森林資源の破壊がよい例である。現在、世界的にどこの国でも「経済成長を喧伝」しないと選挙に勝てない。「何代も先の世代のことを考えて今は成長より資源の保全を大切にしよう」などと真面目に考えて投票する人は世界的に見て非常に少ない。もしそういう資源保有派が多数ならば選挙で成長を約束しようとしないはずだからである。

言い換えれば「現代ほど遠い未来の世代のことを考えて投票しなければならない時代はない」のに、民主主義は今を生きている人が自分の現在の利害判断を中心にして投票するのが普通である、という宿命を持っている、「矛盾の状況」に我々はいるのである。いわば「民主主義のアキレス腱」により人類は将来を誤るかもしれないところに来ているのである。未来世代に今投票させるくらいでないと未来世代は今の世代をひどく恨むかもしれない。「目先しか見ない民主主義に拠るよりも一〇〇年先を見越す賢明な王様が決めてくれていたほうが遥かにましだった」などと未来世代は思うかもしれない。

以上が「経済成長ばかり追っている」という問題だが、二つ目はこれより遥かに恐ろしい。「科学技術を圧倒的に欲望の拡大の方向に用いている」ことである。

「科学技術を圧倒的に『経済成長のために』用いている」のが現下の具体的現象なのであるが、将来はそれを超えて例えば「寿命を五〇〇歳くらいまでに延ばしたい」など、物質を超えた（しかし「精神」とは決して言えない）欲望の領域にまで拡大しそうである。要するに「人類は自らが生み出してきた科学技術をコントロールしきれなくなって自らを滅ぼす」という問題である。「寿命が延びれば結構なことである」と単純に思う人は本書をもっと読み進んで欲しい。

そのゆきつく先は人類の文明の破滅の危機であるが、そこに至りうるような危険を見事に描いた、現在世界的に関心を持たれてベストセラーとして売れ行きを伸ばし続けていて、ビル・ゲイツなどが絶賛している『ホモ・デウス　テクノロジーとサピエンスの未来』(2)（上）（下）巻（ユヴァル・ノア・ハラリ、以下〈ホモ・デウス〉）から私なりに適宜選んで要約する。近時、この本の著者のハラリに池上彰がインタビューしたり〈ホモ・デウス〉を紹介したりする番組がテレビ放映されたので日本でも知っている読者も多いことだろう。

ハラリはイスラエルの歴史学者だが、「歴史を学ぶ意味は歴史の桎梏から我々を解放し、未来を自由に見つめることにある」という主張をしている。従って、〈ホモ・デウス〉は「歴史に囚われないようにして未来を見つめる書」と言えるであろう。

〈ホモ・デウス〉を読むと、今後起きそうなことがますます非人間的な方向で沸騰してくるような調子で続く。

例えば、アメリカで既にあった実証実験で（この本の時点ではまだ成功していない、とは書かれているが）、「ピアノを習得したいが練習時間が来るたびにテレビを見たくなる」というとき、適切なソフトウェアをインストールしたヘルメットを被れば「ピアノの練習をどうしてもしたくなる」と言うのである。こうなると「人間の自由意志」などそらぞらしくなる。

〈ホモ・デウス〉では「人間至上主義」という言葉が使われているが、「今までは人間の欲望の充足に価値が置かれてきたが、人間至上主義は既に過去のものになりつつある」ことに力点がある。

では何が「至上」になるのか？「データ」である。「データ至上主義」と言って、データの価値のほうが人間より遥かに重要になり、データから見ると人間などゴミ同然となる。データと言うときには、ＡＩが同時に考えられていると思う。「大量のデータを駆使して独自の判断をするＡＩができたら人間の価値は吹き飛んでしまう」というわけである。そもそも、人間の脳には大型コンピューターに入れるような大量のデータは入らないがＡＩにはいくらでも入る、ということだけでもＡＩの思考・判断能力が上がってきたら早晩人間はＡＩに勝てなくなることは明らかであるから頷ける話である。そして「すべてのもののインターネット」はやがて地球から銀河系や宇宙全体にまで拡がって

「宇宙データシステムが神のようになるであろう」と。

更に、「データ」という言葉が普通我々がイメージするのとは全く違ったものを含みうるように書いてある。即ち、「他人の内心の動きを読み取るためのデータ」。これには「その他人の表情や顔の筋肉の細かい動きなどをデータ化する」ことが必要で、それさえできたら「そのひとが感じるであろうことや考えるであろうことを先回りしてキャッチして先手を打つ」こともできることになる。例えば、勧められたけれど買う気が起きなかった商品も俄かに買う気になる、というようなことも可能になるのであろう。それどころか、こんなことが誰にでもできるようになったら例えば詐欺などに悪用されかねない。

そして、過去のEメールのやり取り等をすべてデータ化し、その人の考えや感情を読み取る判断材料にする。

しかし、それはその人が過去のメールのやり取りの公開に同意しなければできないことで、同意するはずがない、との反論がありそうである。

ところが、近い将来、個人は個人データを進んで公開することを望むような社会になるであろう、と言う。公開しないと損をするし、公開すれば得をする、との情報システムが社会を覆いつくすからである、と著者は予想する。

更には、二一世紀は人間は不死を目指して真剣に努力する可能性が高い、とも。今でも五〇〇年の生涯ならできると言っている人もいるそうである。具体的には、例えば一〇年ごとに病院に行って若返る処置をしてもらうことになるらしい。

そして極め付きは「人類の寿命が大きく延びれば『欲望の拡大に火が付き』、ギリシア神話の神々のように『人間が神になることを望むようになり』、例えば恋愛もゼウスとヴィーナスのそれのようにスケールの大きいものにしたがる」、「しかしそれは一部の特権的人々のみである」（ハラリはそういう少数者を「アップグレードされた超人」と呼んでいる）、「そういう少数者がそうならなかった大多数の他の人々を奴隷のように従える」、と言うのである。「アップグレードされた超人」とは、ＡＩを支配下に置いて駆使したり、自己の脳をＡＩと巨大データベースに連結したりする人々のことであろう。こういう「超人」は現在の富裕層がなる可能性が高い。寿命が延びると人生にかかるトータルコストが増えるからである。

但し、「人間というものがこわれてしまう」根拠として、ハラリは伝統的に哲学が前提にしてきた「一人の個人」の「一つに統合された自己」が、脳と電気ショックのみで人間を捉えた場合には、「自己が沢山出てくる」のでもはや存在しえなくなったからだ、ということを挙げている。

しかし、仏教ではこの同じ現象を全く異なったふうに捉えているので人間が壊れることにはならない。仏教ではもともと「自己は複数ある」と考えられてきているのである。

ハラリのこういう話の数々は最先端の技術を調べたりして、相応の根拠があるようである。それに、ハラリは歴史学者であるから事実に基づいて記述するという習性を持っているはずである。

以上のことを一言で言うと、「科学技術の飛躍的超速進歩を圧倒的に人間の欲望拡大・充足に適用していくとき、そういう科学技術を人間は管理できなくなるのではないか」ということである。

訳者あとがきを読むと、「ハラリは自らの予測を確実だとはしてはいない。未来についてあらゆる可能性を見ておかなければならない、そしてそのときどうするかの意志を持たなければならない、ということが言いたいのであり、『その際、未来についての単一のシナリオは危険だ』と考えている」という趣旨の説明がある。

しかし、人類が現在の路線をひたすら走り続けるならば、私はこの本に書かれていることの大部分は相当な確率で現実化すると思う。ただ、本書の目的からは具体的予言までは必要なく、「今の延長線上には文明の破滅の危機がある」だけで十分であり、そのために「今から未来にかけてｘｘｘすべきである」という提言をしないとしたら不十分である、と私は思う。

〈ホモ・デウス〉を読む人の多くが、このような非人間的な社会になることを人類が許すはずがない、人類はそこまで愚かではない、と思うであろうが、同時に「どんなに厳しく法律で禁じても必ず違反者が出てきて、他の大多数の者は、結局そういう一部の者の奴隷になるしかないであろう」とも思うであろう。

このままの路線を走った場合の人類の行方について、人類の方向を地球論・宇宙論との関連で述べる見解もあるので見ておきたい。松井孝典『地球システムの崩壊』[3]（以下〈崩壊〉）という本から紹介する。

この見解は、狩猟経済の段階では資源循環・エネルギー循環（松田：以下一括して「資源循環」）が「生物圏内」だけで閉じていたが、約一万年前に農耕・牧畜経済に移行したときに、人類は地球上に独自の「人間圏」というものを作って、『生物圏内』だけではない『地球全体』を相手とする「資源循環」に移行した、というところを重視する。

「農耕・牧畜」の時代になると富の増大・蓄積が始まり、しかもそれは常に右肩上がりになってゆくので、狩猟経済時代の「生物圏内」とは比較にならない規模の「資源循環」が必要になる、即ち、地球全体規模の「資源循環」が必要になる、という。

こうなると、「人間が地球の新しい構成要素となり、地球と直接かかわり、地球に影響を及ぼしうる存在になった」ので、「人間圏」という言葉が使われている。

そして、この「右肩上がりは単に直線的ではなく、指数関数的に、あとになるほど加速の度合いが著しく増してゆく」、と。確かに、人類の「資源循環」の規模はそのように推移してきたと思うので、今後はますます恐ろしい。

更に重要なことは、このような「右肩上がりを目指す人類の傾向」は「農耕・牧畜に移行した、ということからわかるように、いわば人類共通の原始的・基本的傾向であり、その結果として既に地球を崩壊させつつあるが、それに留まらず、いずれは太陽をも必要とするようになり、ついに太陽をも崩壊させる」という論旨に続く。そして、「太陽だけでも足りなくなり、銀河系にまで手をのばす」、という、旧ソ連の学者の説まで紹介されている。

以上の論理を徹底すると、「人間が地球を崩壊させることは生物学的必然である」ということになると思う。そして、人間を物事の認識主体と考える「哲学的人間観」と、単純に生物の一種と考える「生物学的人間観」というものが紹介されており、著者はどちらかというと後者に立っているかもしれない。

もし〈ホモ・デウス〉や〈崩壊〉に書かれているような事態が現実化したら、所詮人間という生物は拡大・発展一方向だけで滅びるしかない生物、ということになるであろう。

ただ、このことを人類が自覚すればするほど、より厳しい見方を早急にとるようになるであろう、との「よい意味でのパラドックス」にこれらの見解の価値がある、とも言える。あるいは、後述の東西文明八〇〇年周期交代説によるならば、毎回の文明交代前の約一〇〇年間の大混乱の一つと見ることもできるかもしれない。八〇〇年周期交代説とは、約八〇〇年ごとに、西洋から東洋へ、東洋から西洋へ、また西洋から東洋へ、というふうに文明が交代してゆくという観方である。この説は、文明が交代してゆくときには混乱期が訪れ、民族移動、気候変動、動乱、天変地異、流行病蔓延等が続く、と言う。今はまさにその大混乱期にあり、文明が西洋から東洋に転換しつつある、とされる。

以上から、このような先に行き着く線上を現代文明が走り続けていることは、テロや戦争よりも遥かに恐ろしい、文明滅亡の方向であることが理解されるであろう。

では、現代世界がこのような路線を走るようになってしまった原因分析（前述の③）に移りたい。

だが、その前に脱線するほうがわかりやすい。

特に欧米人と接触する仕事をした人の場合には、「日本人はイエス・ノーをはっきり言えない」などという、欧米人による「日本人ダメだ論」に遭遇した経験がある場合が多いに違いない。要するに欧米人から見ると日本人は一般に何事もはっきりしないのである。そして、こう言われてしまうと反論も難しいからますますダメだと決めつけられやすい。

しかし、私が本書で展開することは、「何事もはっきりさせられない日本人のこころの構造が、今後の世界を救うことに貢献する可能性を秘めている」、ということである。

ということは裏返せば、「何事もはっきりさせられる欧米人のこころの構造が、今の世界の文明のありかたの延長線上にある文明破滅の危機の根本原因である」、ということを意味する。

結論を急がずにもう少し脱線を続けたい。

そもそも「はっきりさせられる人」と「はっきりさせられない人」を比較するならば、世界のどこに行っても前者がよくて後者が悪いということにされるに決まっている。この次元で議論している限り議論に意味がない。「はっきりさせられないことのよさ*」であるとか、「日本人と欧米人ではそもそもこころの全体構造が全く異なるので、まずその違いを認識するところから出発すべきである」ということを欧米人に説得することに成功しない限り話は始まらない。


*例えば、喧嘩の仲裁で日本人は「まあまあまあ」などと言う。これはなかなか英語に訳せない。無理に訳しても日本語と同じニュアンスは出てこない。欧米にはこういう文化はないからである。


ところが、違いを問題にしたのはヨーロッパ人であり、スイスのユング（カール・グスタフ・ユング。一八七五〜一九六一年）という心理学者である（但し、日本人ではなく「東洋人」と「西洋人」を比較したのだが）。

心理学と聞くとふつう個人の心理を思い浮かべるが、ユングはそれだけでなく、「ある民族に共通の深層心理」（「集合的無意識」と言う）というものを問題にしたのである。

また、ユングは「こころを卵型で考えてみると、西洋人では意識（松田：例えばギリシア的理性のイメージで、『自我』という。白とする）と無意識（黒とする）の境目がはっきりしているが、東洋人の場合はこの境目が連続的で、中間にかなり広い『灰色の領域』（松田：半無意識、とでもいうような）がある」、と言って、そのような中間領域の価値すら認めている。そして「こころの全体」（前述の卵の全体）を『自己』と呼んでいる。即ち、西洋人と東洋人では「『自己』の構造が異なる」のである。

そして、ユングの考えに基づいて（実際にスイスのユング研究所に留学して）日本人の深層心理を考え続けた人が故河合隼雄（一九二八～二〇〇七年）である。河合隼雄は永らく京都大学教授で、晩年には文化庁長官になった。

例えば、昔話というのは民族の深層心理を反映している場合が多く、日本の「見るなの座敷」系統の昔話では「女が決して見るなと言ったのに男が見てしまった」ところ「女は悲しく去ってゆくしかないし、話もそこで終わっている」という類型だが、ヨーロッパだとこういう場合「禁を破った男は罰せられ、そしてその後に話が展開し、主人公は最後は幸福を獲得する」という類型になる、などと書かれている。日本人とヨーロッパ人の深層心理は明らかに何かが根本的に異なるということがイメージできると思う。

「民族」としての心理を考えたので、私はこの二人の理論を「社会心理学」と呼びたい。

因みに、ユング理論や河合隼雄理論の詳細は後述するので、ここでは「社会心理」のイメージを掴むことができればよい。

ところで、「社会心理」というのは極めて重要な視点である。私がはしがきに「本書は社会思想の本である」と述べたことにも関連する。この事情は少し詳しく説明する必要がある。社会のあり方を決めているのは「社会思想」である（例えば「資本主義」という「社会思想」）。現在世界を覆っている社会思想は、歴史的に植民地政策などにより世界に拡大を続けてきた欧米人の社会思想である。それは欧米人の「社会心理」と一体になってできあがったものであり、例えば仮に将来「資本主義」を大幅に修正する内容の新しい社会思想」が必要とされるに至っても、欧米人の「社会心理」のほうは容易に変えられないはずであるから、結局そのような「社会思想の変更の実現は容易ではない」のである（欧米人の「深層心理」に根差したものが伝統的な社会思想になってしまっているからである）。

長い脱線となったが、これがわからないと、なぜ「はっきりさせられる欧米人」が今の世界的問題の原因であるかが理解できない。

「はっきりさせられる」ということは「はっきりさせたがり、そのように行動したがる」ということでもある。そのような欧米人の行動様式が現代の問題の原因になっているのである。

誤解のないようにしておきたいが、「はっきりさせること」が悪いわけではない。『はっきりさせるべきときに』させられない」としたらもちろんそれは欠点である。そして、残念ながら日本人がこの欠点を免れているとは言い難い。特に「他に手本とするものがなく、全く自分独自でゼロから考えて決断しなければならない」というときにこの欠点が出がちである。そして、日本を取り巻く内外の情勢が厳しさを増す昨今の状況下で、日本文化を中心として日本人の何をどう守るべきかをはっきりさせる客観的必要性が高まっているにもかかわらず、相変わらず惰性に流されて危機意識が高まって来ない日本人はまさにこの状況に差し掛かっている、という観方もできるであろう。日本人のことなのだから「他に手本がない」だけに一歩間違えば危険である。しかし欧米人のように「『常に』何事もはっきりさせようとすることがよい」とは言えない。そして、はっきりさせたがる背景にある欧米人の深層心理に起因する「社会思想」や「社会システム」が問題である、ということが言いたいのである。これについて以下に詳述する。

ここで、ユング・河合隼雄の「父性原理・母性原理」の話をする必要が出てくる。

河合隼雄は母性＝包む、父性＝切る、としている。河合隼雄の喩えの「よい子はうちの子だ」が父性原理、「うちの子はよい子だ」が母性原理、が適切である。母性原理においては「優劣・善悪を問わずにすべてうちの子は平等によい子」である。そして父性の「切る」は建設してゆく面もあるが、行き過ぎると破壊に導くとされる。即ち父性には拡大の為の原則を立てて反するものを切ってゆく（無制限な経済成長等の）「拡大志向」の内在が示唆されている。しかし父性が全くないと社会を構築できない。

一方、母性は「暖かく包む」のであるからよいように聞こえるが、「呑み込む」という恐ろしい否定面も持ち、母性には観音様と山姥の両面がある、等と言われる。この否定面を河合隼雄は日本社会について憂えた。純日本的な会社の会議等で「明らかなマイナス面でもその会議の『場の雰囲気』を壊すようなことは口に出せない」という「日本的会議の場の磁場による金縛り現象」があることは広く実感されていることと思う。これが山姥の実社会での好例と思う。そして、ジェンダーとは別次元の話であるから母性の否定面の被害者には女性もなりうる。例えば、日本人の女性だけの集りでの会話であっても「空気を読む」ということは男女を問わず単純に美徳とされているので、空気を読み過ぎて本来言うべきことも言えなくなる。

これを概観すると、（適度の父性原理でバランスを取る等により）山姥的マイナス面に注意を払ってゆけば（先の会議の例では社内規則［マイナス面報告義務］導入等の父性原理でバランスする）、河合隼雄と地倫の母性は同一方向になり、積極的に評価されると思う。(4)

ユング・河合隼雄が「父性原理・母性原理」と言うときの「父性・母性」はジェンダーとは必然的関係がないから、誤解を避けるために「切断（「父性」に相当）・包容（「母性」に相当）」、と呼んだほうがよい。ついでに言っておくが、「空気を読む」ことが悪いとは言っていない。状況によってはそれが悪く出てしまう場合がありうるという認識を持ってもらいたいのである。

「切断」原理・「包容」原理は、原理＝社会思想の内容そのものないし内容の傾向（「切断的内容」なのか「包容的内容」なのか）を指す場合と、そのような社会思想を生み出す「その民族の深層心理」の性質（「切断的」民族深層心理なのか「包容的」民族深層心理なのか）を指す場合がある。

ユング・河合隼雄はこれらをどちらの意味であるかを明らかにして使っていないきらいがある。しかし、本書では前者の意味のときは「切断」原理・「包容」原理、後者の意味のときは「切断的」民族深層心理・「包容的」民族深層心理、とそれぞれ呼んで区別することにしたい。

「はっきりさせる・させない」に戻ると、「はっきりさせる」ということは「切断」原理であり「切断的」民族深層心理に由来すると言える。

ただ、先に述べたように、行き過ぎた「切断」原理のみが問題になるのであり、行き過ぎでない「切断」原理はむしろ近現代の物質的に豊かな社会を築いた功績のほうを評価されるべきであろう。従って私は欧米が築いてきた世界的物質文明の成果の否定を唱えているわけではない。

では現代はどうして「行き過ぎた」「切断」原理の世界ということになるのであろうか。巨大な人口を抱えた上での「経済成長至上論」（それに反する環境保護等を切ってしまう面がある）が地球資源とのバランスの限界を超えて世界的環境破壊や温暖化の脅威を創り出していること、もその大きな理由の一つであるが、より重大な理由は、「科学技術が圧倒的に欲望拡大・充足に奉仕する状況（そのため例えば生命倫理によるヒューマニズムを切ってしまう面がある）を人類は適正にコントロールしきれなくなりつつある」ことである。

ここで言う現代の「科学技術」とは、元来「欧米発」であることに注意しなければならない。つまり「欧米発の科学技術」が「拡大」のための「切断」原理として、欧米だけでなく全世界的に機能し続けているのであり、それが欧米人の「社会心理」（「切断的」民族深層心理）と密接不可分である、ということである。そこで以下ではこれを「欧米的科学技術」と呼ぶことにしたい（日本の科学技術もこの中に含まれることになる）。

つまり、社会思想も社会システムも科学技術も、すべてについて「欧米流」が全世界を覆ってから永い年月が経っており、いまや「行き過ぎ」になっていると考えているのである。従って私の批判は欧米に対してではなく、「全世界に対して」である。

もちろん、かなり古くからヨーロッパ中心主義へのヨーロッパ人自身による批判的見解（例えばシュペングラー、トインビー）があるし、特に最近ではヨーロッパの「切断」原理が今日の環境破壊などを齎したことへの反省がヨーロッパの知識人のみでなく、二〇一五年のローマ教皇フランシスコの「回勅」「ラウダート・シ」（環境破壊しないよう大量消費をやめよ、など）にも見られる。しかし、問題が欧米人の「切断的」民族深層心理にある以上、欧米の一般人を考えるとき、そう簡単にそれが変化するとは思えない。そして、欧米人の社会思想が未だにアジア・アフリカを含む全世界を覆っているのである。

ただ、「西洋文明の精神面」は東洋文明の精神性に勝るとも劣らないものであり、いずれ西洋文明自身の反省によって正しい道に復帰するはずであり、東洋文明に交代する必要はない、との見解もありうる。この点については第3章第3節で詳述する。

以上で、③の原因分析に於いて根本的原因が欧米人の「切断的」民族深層心理に起因して、欧米以外を含めた全世界を覆う形で「切断」原理が標準原理となってしまっている、ということにあることが明らかにされたと思う。

ではその「根本的原因さえ取り除けば（即ち、「切断」原理から「包容」原理に移行すれば）問題克服の方法にそのままなるのか」というと答えは「そう単純にはいかない問題が立ちはだかっている」である。第1章の最後に「根本的原因を除去しても改善策がまだ有効にならないことがありうる」ことを指摘したことをここで思い出して欲しい。

ここで脱線というよりむしろ「本論の前提」となるべき、「社会心理」「社会思想」「社会システム」の三つの関係を論じなければならない。そうすれば、「欧米的科学技術」と「欲望の拡大・充足」のドッキングがどれほど恐ろしいものであるかが実感を持って理解されるようになると思う。

これ迄「資本主義」や「経済成長至上論」などの「社会思想」が欧米人の「切断的」民族深層心理と一体となって形成されてきたことを見てきたが、そこでは「社会システム」というものが「社会思想」に基づいて形成されることを眺めたのであった。例えば「民主主義」という「社会思想」に基づいて「選挙」という「社会システム」が生まれてきたのである。

因みに、ここで「システム」とは社会の何らかの「仕組み」のことであるが、いわゆる「ITシステム」のことではない。それがたまたまITシステムであることもあるが（例えば銀行のATMシステム）、それに限定した話ではない。

しかし、この関係が逆流し、「社会システム」が「現行の社会思想を骨抜きにしたり変容せしめたり必要な変更を困難にする」ことがあることに注目したい。

この「逆流」は現在既に起きてしまっている現象（「現代の逆流による骨抜き・変更困難」と呼ぶ）と、将来莫大な規模で起きうる（こちらは「将来の大量逆流による破滅の危機」と呼ぶ）ことを区別して論じる必要がある。後者のほうが遥かに重大な脅威である。このように「将来の新たな脅威がある場合」は、現在の根本的原因の除去だけでは有効な改善にならない典型例である。

いずれにせよ、このような「逆流」はどちらも決して好ましいことではない。なぜならば、「社会思想で社会システムをコントロールできないかそのコントロールが不十分になる」ことを意味し、

「このままの延長線上を走り続けるのでは文明が危機に瀕することを避けるためのコントロールがしにくくなってしまう」からである。

まず、現在既に起きている「現代の逆流による骨抜き・変更困難」だが、全世界的に見て社会システムが膨大かつ複雑に絡み合っていて、その現状把握だけでも困難である等、大きく改革しようとしても無理になっているのではないか。

このことは「民主主義」という社会思想がほぼ全世界標準になっていることとも関係がある。民主主義も一つの社会思想ではあるが、「プロセスだけで中身を決めない」ものであるから、中身については別に社会思想が必要になる。中身のほうは「欧米流の拡大主義的切断原理の経済成長至上論」である。それに基づいて既に永い年月の間に世界的に社会システムが社会のインフラとしてできあがってしまっているから、今更成長を追わない「定常経済論」などの新しい社会思想に基づく新しい社会システムを大幅に導入することは不可能なのではないか。

また、これは特にITに起因して見られる社会現象である面が強い。IT産業自体はたいした規模ではないが、IT以外の他の産業にITが与える影響は膨大かつ深甚である。

例えば製造業などは本来ITと関係なかったが、IT技術が取り入れられたことで著しく様相を異にするに至り（多くの人員削減等）、特にそのスピードを著しく速めた。IT革命によって「世界全体のスピードが加速され続けている」と言えよう。

このことは、「経済成長至上論」という「社会思想」をもＩＴが強化してきたことを意味する。そしてその最たるものの一つが「金融取引のＩＴ化」という、「リーマンショックのような金融恐慌の危険の増大」の原因の一つになりうるものである。

また、金融取引のＩＴ化によって少数で巨大な金融資本家の出現も促進され、これが「基本的プロセスである民主主義という社会思想すら骨抜きにしつつある」という現実も出てきている。

次に「将来の大量逆流による破滅の危機」だが、ＩＴを「（ＩＴが大きな割合を占めるがそれに限られない）欧米的科学技術」に置き換えてみると、寿命の延長なども視野に入ってきて、先の〈ホモ・デウス〉に書かれているような「永い生を充実したいという欲望の爆発の延長上にデータ・ＡＩが猛威を振るい」、ついに「データ至上主義」が人間の価値を著しく低下させる、という社会現象まで近い将来引き起こすと予想され、その先にあるものは「ＡＩによる人間の支配」のような文明の破滅である。

いずれにせよ、せっかく「根本的原因」がわかってそれを除去しても（即ち「切断」原理から「包容」原理に全世界的に移行しても）、実際に社会システムをいじる段階ではまだ前述のような困難が多く立ちはだかっている。

しかしながら、第３章以下を読めば理解されてくるはずであるが、このような「社会システムから社会思想への逆流」を阻止して断固として新しい社会思想に基づく世界を建設し直すかどうかは「人類の意志」にかかっている問題である（ハラリも「意志」を重視している）。

例えば温暖化によってもっと恐ろしい現象が地球のどこかで起きてきたときに「社会システムは今更変えられない」とあなたは言うであろうか。

だが恐ろしいことが起きてからでは遅い。今、社会思想を変え始めて、それに基づいて社会システムも変え始めなければならないのである。

どちらの「逆流」の場合に於いても「欧米的科学技術」が社会システムを隅々まで裏打ちしていて変更は不可能ではないか、という漠然とした思いが人々の深層心理にあるように思える。更に、問題が起これればその解決も科学技術がやってくれるだろうから自分の意志や努力は必要ない、という漠然とした楽観主義に陥っている人も多いかもしれない。これらも「意志」を弱める要因であり、呪縛や無邪気さから脱して「社会システムといっても所詮人間が作ったものである、変えられないはずがないし、我々が変えない限り変わらない」という気持ちを持ってもらいたい。

私が第3章で展開する「新しい社会思想」は、欧米的「切断的」民族深層心理に根差した「切断」原理の世界的支配からの脱却という「根本的原因の除去」だけでなく、新しい社会思想が「社会システムを支配する機能」を取り戻す、「社会思想の本来の力の回復・復権」をも目論んでいる。

ここで本章の最後の脱線を追加しておく。以上が、「社会思想」と「社会学」の関係を表わしている面白い例であるからである。

「社会学」とは「およそ社会現象のすべてを対象とする学問」と言ってもよく、地球環境などに関連して理科系の学問をも必要に応じて取り入れた「社会科学を基本とした極めて学際的なもの」である。

確かに政治学、経済学、社会心理学、等の個別の社会科学の分野の学問も重要であるが、実際の社会現象はこれらが絡んで出てくるので、それらをすべて視野に入れる「社会学」こそが「社会科学の王座」を占めるべきである、というのが私の考えである。

では、社会学と社会思想はどう違うのか、両者はどういう関係にあるのか。

「社会学は社会現象を『事実』として観察することを原則とする『学問』であるが、社会思想はその時代の社会の『あるべき姿』を求めての結果である『イデオロギー』である」と言える。しかも、両者には双方向に密接な関わりがある。

「あるべき姿」は現状がどうなっているかの正しい認識に基づかなければ「机上の空論」になりがちである。「社会思想」は実際に社会に於いて実現されなければ意味がないから、有効な社会思想は、特に現代世界のように社会が非常に複雑になっていて現状認識だけでも難しい時代に於いては、正しい社会学的考察に立脚しなければ方向を誤ってしまったり、実現性が低くなってしまう可能性が大きい。特に本書のように「世界全体の社会思想の転換を社会心理の変更も含めて目論む」ものである場合には常に社会学的考察に注意を払わなければならない。

一方、どのような「社会思想」が存在していて、それが社会に於いてどのように実現されているのかあるいはされていないのかは「社会現象の認識の学としての社会学」の重要な要素を占める。

前述の〈ホモ・デウス〉に書かれている「データ至上主義」のような、「社会システムから社会思想の方向への逆流」は、第一義的には後者の局面の問題（現行の社会思想の社会での実際の有効性を検証してゆく）であるが、そのような逆流の可能性も考慮しながら、それを元に戻したり未然に防ぐための新しい有効な社会思想を構築しようとすれば、前者の局面の問題でもある（社会現象の現状を正しく認識する社会学に依拠しながら新しい社会思想を樹立する）。

第3章　一般的提言（問題克服の方法）

第1節　大乗仏教の華厳思想を宗教でなく社会思想と観る視点
＝「世界標準新社会思想」

はしがきでも断ったように、本書は仏教の本ではないという理解の下に以下を読んで頂きたい。

あるべき姿である「欧米的科学技術とリンクした欲望拡大主義からの脱却」はどのようにしたら実現できるかの④の「問題克服の方法」に入ってゆく。これこそが私の「一般的『提言』」の内容をなす。「悪いこと」と「その原因」は「問題克服の方法」に結びついてくるはずであるから、第2章までの流れからすると、「切断」原理・「切断的」民族深層心理に対して「包容」原理・「包容的」民族深層心理で修正をかけて全体のバランスを再構築する、ということが「問題克服の方法」になりそうである。

しかし、第2章の終わりのほうで考察したように、将来起こりうる大量データベースとリンクしたAIなどの「将来の大量逆流による破滅の危機」までを視野に入れると、より具体的な戦略にまで落とさないと間に合わないと思う。そして、「大量逆流の阻止」は「人類の意志」の問題であるから、本章で提案される新しい社会思想は、それを強い意志で貫徹すればその過程で自ずと「逆流の克服」ができるようなものでなければならない。

これを後述のように、文明交代の八〇〇年周期説で見る「西洋文明から東洋文明への交代」に期待するという考え方もできる。自然破壊的な西洋文明（しかしその物質文明の今までの成果は取り込みながらも）を自然親和的な東洋文明が包括し、全体を総合し直すという考え方である。そのためには中国がどこかで過去の偉大な精神文明性を取り戻して本来の東洋文明にならなければならないが、そのことは後で述べる。

＊本書では仏教の基本的考え方を基礎に社会思想を組み立てているので、私の立場からの「文明の交代」に於ける「東洋文明」は、仏教が伝搬した、インド・東南アジア・中国・朝鮮半島・日本、を指すこととする。

しかし、「将来の大量逆流による破滅の危機」を阻止すべく改革を早く行なわなければならないから、「新たに世界標準となるべき社会思想」（「世界標準新社会思想」）の確立・普及と「文明の交代」との二本柱を有機的に関連せしめる方法を採りたい。両者には相乗効果が是非とも必要であり、かつ可能であると考える。

第一に、「世界標準新社会思想」は、以下に展開するように仏教思想に依拠して行なうので、仏教が有する本来的に「包容」原理的な性質を持っており、それは「包容的」民族深層心理を持った東洋人によって担われることが望ましい。

第二に、そのためには世界的に文明が西洋から東洋に転換しなければならない。また、これには逆の方向の好循環もある。即ち、東洋文明に転換すれば、「包容」原理である私の新社会思想（東洋文明的、と言いうる）の確立・普及も促進されるのである。

いずれにせよ、特に「データ至上主義による社会システムの変更が、それに反するいかなる社会思想をも無力にする」という逆流が進行しないうちに現在の社会思想を早く変更して新しい社会思想を支配的にし、社会システムもそれに従うように変革してゆきたい。

ただ、人間に実現・実践の強い意志さえあれば、逆流が支配的になり出しても「元に戻ることは可能」であり、「社会の変化に追いつけない」などという捉え方をやめて「社会を必要以上に変化させない」という発想にならなければならない、ということをここで強調しておきたい。

「世界標準新社会思想」を考えるとき、「切断」と「包容」は主として「民族深層心理」の問題であって社会思想の内容を直接導き出すものではないから、その内容については別途考えなければならない（但し「包容」原理に軸足を置いた上で）。

そこで、仏教思想から「世界標準新社会思想」を構築したい。

ここでまた脱線する。

思想と言うとき、「個人を救済するための思想」（以下「救済思想」）と「社会思想」とを区別しなければならない。

世界の歴史を眺めると、一つの同じ思想がこの両方を兼ねていることもあった。例えば西洋中世のキリスト教がそうである。しかし、個人の「思想の自由」が憲法で保障されている国が多い現代ではこの二つは通常は別の話であり、一般的に言えば「救済思想」型をそのままの形で社会に通用させようとすると社会と摩擦が起きる可能性が高くなるので何らかの「社会思想化のための修正」が必要になることがある。従って、私が「仏教思想から新しい社会思想を構築する」と言うときは「救済思想としての仏教思想」の中から新たに社会思想を作るために有用な要素を「借りてくる」、ということを意味し、その際に社会に適合するための必要な修正も行なう。

「救済思想」としての仏教思想がそのままでは「社会思想」にはなりえないことは、仏陀の原始仏教では出家して修行をしなければならないとしているが社会の全員が出家したら社会は成り立たない、ということだけでもわかる。

しかし、仏教の場合には両者に「有益な重なり合い」がある場合もある。例えば、本書第二部にて展開される、「経済成長を追わない経済学である『定常経済論』」も、「ほどほどの消費」など、原始仏教の説く「中道」の思想にマッチしているし、仏教経済学という言葉もかなり以前からある。

「救済思想」としての仏教思想とひとくちに言っても、仏陀の開いた原始仏教からその後中国・朝鮮半島・日本などで展開された大乗仏教の多くの諸宗派には相当に異なるものがある。基本的な考え方には共通性があるとしても、中には互いにある程度相反するようなことすらある。

しかし、「社会思想のために借用する」のであれば、それらの「救済思想としての仏教の論争」に巻き込まれる必要はない。ときに相反するような要素であっても新たに構築した「社会思想」の中で矛盾なく落ち着かせることも可能であろう。

但し、「救済思想」としての仏教は、仏教思想を取り入れた「社会思想」に対し養分を与える源泉として非常に貴重である。「救済思想」としての仏教が衰退してしまったら、その基本的部分を取り入れた「社会思想」のほうも弱まってしまうかもしれない、という関係にあることに注意が必要である。しかし、この逆もありえ、「社会思想としての仏教の基本的考え方」が普及してゆくにつれて「救済思想としての仏教」も高揚してゆくであろう。

ところで、先に「世界標準新社会思想」の確立、と言ったが、なぜ「社会思想」でなければならないのか、なぜ「救済思想」としての永い歴史を持つ仏教を基礎にして、「それを社会思想化」しなければならないのか。

第2章で説明したように、「社会」を決めているのは「社会思想」であるし、そうあらねばならない、と思うからである。

例えば、現在の「民主主義」もイギリスのジョン・ロック（一六三二〜一七〇四年）やフランスのジャン・ジャック・ルソー（一七一二〜一七七八年）等によって考えられた社会思想である。そして、第2章で軽く触れたがここで再度詳細にわかりやすく説明すると、民主主義はプロセス（多数決など）に焦点をあてている思想であって、中身を決めない（中身は皆で多数決で決める）。しかし、それだけではやはりどのような社会にすべきかわからない。そこで「資本主義」や「共産主義」というようなものが別に必要であり、現在世界的に支配的になっている資本主義はイギリスのアダム・スミス（一七二三〜一七九〇年）が唱え出した「社会思想」である。つまり、「民主主義というプロセス的社会思想」のほかに「中身を決める社会思想」も必要なのである。

いずれにせよ、現代世界はここ数百年にわたってルソーやスミスの上で踊り続けている、と評することができる。

そういう社会を変革してゆこう、というのだから新しい思想も「社会思想」でなければならない。これが私が「社会思想」や（仏教の）「社会思想化」に拘る理由である。

本論に戻る。

「救済思想」としての仏教の何を「世界標準新社会思想」に取り入れるのか。私は大乗仏教諸派の中の「華厳思想」を選びたい。華厳宗、と宗教的なイメージで言われることもあるが、中国の唐の時代に則天武后に仕えた法蔵（ほうぞう。六四四〜七一二年）という高僧によって大成されたこの考え方は極めて哲学的であり、華厳「思想」と呼ぶほうがそのイメージに合う。そして、そのほうが社会「思想」とも共通の地盤に立ちやすいこの思想の性質を象徴的に表わしている。

私の主張はあくまで「社会思想」であるから「救済思想」としての華厳思想と全く同じではないが、基本的な考え方は取り入れているので、先に「救済思想」のほうから説明し、そのあとで「世界標準新社会思想」のほうを説明する。この順番のほうが、なぜ「世界標準新社会思想」の基盤にこれを選んだのか、どこを「救済思想」としての華厳思想と違えているのか、なぜ違える必要があるのか、などが理解しやすくなる。

華厳思想は「あらゆる種類の思想を包容できるような、考えうる限りの壮大な思考枠組み」と評しうる。その体系は非常に複雑かつ広大無辺であり、とても簡単に説明できるものではないが、敢えてひとくちで言えば「森羅万象が互いに融通無碍（ゆうずうむげ）の関係にある」、というものである。融通無碍とは自由で柔軟性がある、というのが普通のイメージかもしれないが、ここに「互いに融通無碍である」とは、「互いに溶け合い融合することで通い合っている」という意味で、非常に「内的相互連関」をイメージさせる。しかしその理解が難しいなら、「互いに相互依存関係にある」と言ってもよいであろう。これを「あらゆること」に拡げると、「あらゆる事・物・人などがお互いに相互依存関係にある」（即ち、究極的には多数どころか「無限のものの間の関係」）、というのだから壮大極まりない。

具体的でわかりやすい例で説明しておきたい（詳しくは、竹村牧男『華厳とは何か』[5]〔以下〈華厳〉〕、を参照。竹村牧男は仏教学者。東京大学文学部インド哲学科を卒業、筑波大学教授等を経て東洋大学学長）。

数学的に1と2しかないと仮定する。1は2がなければ1になれない。2は1がなければ2になれない。両者は互いに融通無碍の関係（相互依存関係）にある。

これは「1も2も、それぞれが『他との関係において存在するという本質特性を内在させている』（『関係性』を内在させている、と言う）」との考えから来ている。

1と2でなくても何でもよい。「あなたとわたし」など。更にこれを二つや二人だけでなく増やしていってついには無限にまで拡大し「それらすべての間に相互依存関係がある」と説くのである。もちろんこうなれば「その中のどのひとつに立って眺めてみても他の無数とそれぞれ相互依存関係があり」、その「他の無数」のどのひとつに立ち直してみても「他の無数と相互依存関係にある」のである。従って「究極の『関係性』の思想」である。

いま「その中のどの『ひとつ』に立っても……」と言った。このことは、この思想が次の重要な前提に立っていることを意味している。各要素には「違い」が「必要」であるということである。しかも、「違いがあるが各要素は皆平等である」と言う。「平等」といっても社会的扱いのことではない。「存在そのものの平等」である。例えば華厳思想では「どんなに微小なもの（例えば物質を構成する原子）も広大な宇宙全体と平等な存在」であり、互いに融通無碍の関係にあると考える。

さて、もし平等でなかったら先ほど述べた「どのひとつの立ち位置に視点を移しても他の無数との関係性が見える」とは必ずしも言えなくなる。先の「1と2」で「2は1が無ければ定義できないから1に依存するが、1は最初の数であるから2などに依存しない」と、「順番や序列」に拘った見方をすると華厳的ではない。そのように見ないで「1と2は2つの平等のものが質的違いがあるということを言っているだけであり、どちらが先でも同じこと」と考えるべきなのである。これが人と人になると「重要でない人の視点には立たない」などという「関係性をないがしろにする」方向に向かってしまう。

「違い」の問題に戻るが、「違い」が必要であるということは「個」が必要であるということである。「個と全体は同時相関的に決まる」とされており、「個がないと全体は成立し得ない、と同時に、全体がないと個も成立し得ない」とされる。後に詳しく述べるが、このことを「個が確立していないのにいきなり集団ばかり求める」日本人の傾向に対する警告として特に強調しておきたい。

例えば、日本では絆がよく強調されるが、「絆を求めること」は「日本的個を確立しよう（何でも集団でしか思考しないような態度を改善しよう）という努力」とセットでなければ、太平洋戦争のように「みんなで一緒に間違えてしまう」ということも起きうる。

「救済思想」としての華厳思想の説明のしめくくりとして、このような考え方と仏陀の説いた原始仏教とはどういう接点があるのだろうか、という点について述べる。

華厳思想では「各要素は平等」としている、と述べた。ということは、「自分という視点」は他の視点と同等であり、「自己への執着」を離れることでもある。仏陀は「あらゆる執着を去れ」と言った。道元（一二〇〇〜一二五三年）は「自己への執着（我執）を離れよ」と言った（例えば、頼住光子『正法眼蔵入門』[6]参照）。他人のことを考えての発言をしたつもりでも、あとになってひとりになってよく思い出してみると結局自分の立場からの発言であった、などの経験は誰にでもあることであるからこのことはよくわかる。華厳思想に限らず「己を去る」ことは仏教の基本であり、「平等なものの間にどこにでも視点を移せることで可能になる関係性」はこれを促進する。「あらゆるものが相互に依存し合っているという『関係性』」に深く思いを致すことは、自分という存在への執着を離れる方向に作用するからである。

但し、ここで敢えて一言するが、「自己への執着を離れる」ということと「自己を無視する」ということは同じではない。前述のように華厳思想は「各要素は違いがあるが平等」という前提に立っているのであるから「自己」も「他者」と同様に重要なはずである。そうでないと、太平洋戦争時のような「『お国のため』と聞いた途端に直ちに『自己犠牲が当然』」というような間違いを犯してしまう。

いずれにせよ、「社会思想」として華厳思想を眺めるとき、このような「関係性に拠る救済的契機」（例えば、自己への執着に因る苦悩からの脱却など）には私はあまり重きを置かない。「関係性を重視する『社会のあり方』」というもののほうに関心が向く。

もともと華厳思想にはこのような「社会性」が存在するのである。そのことは、〈華厳〉の中で著者の竹村牧男が、現代は様々な局面で関係性が断たれた時代であり、華厳思想に関係性を取り戻すための現代的意義を見出したい、としていることにも顕われている。

では「社会思想」としての私の華厳思想の定義に移る。「相対の地盤の上に絶対の栄枯盛衰の物語が可能になる諸思想を常に世界的に保持するようにすること」である。この表現は、「森羅万象が互いに相互依存関係にある」という華厳思想の基本的考え方に「相対と絶対」を代入して得られたものである（即ち、「相対と絶対は互いに相互依存関係にある」）。「相対と絶対の代入」の意義は、社会に関係性を取り戻すことと同時に、「相対の地盤の上にないもの」（即ち「相対と相容れない絶対」）を「社会思想」としては排除してゆくところにもある。

例えばテロ（宗教的動機だけでなく、我が国のかつての二・二六事件のような政治的動機のものも含む）の思想まで容認できるのか、については、「救済思想としての華厳思想」の中では解釈の違いが人によってあるかもしれない。

しかし、「社会思想」としてはそういうものは排除すべきである。もちろん、今日のほとんどの国ではそのような思想も思想に留まっている限りは処罰されないが、実際の破壊活動に及べば処罰されている。法律も社会思想実現のための社会システムの一つである以上、このことは宿命である。破壊活動に出れば処罰されるのであるから、その前の思想の段階で（処罰はできないが）世論等によって、行動に出ないように注意を払うことはできる。従って私は「世界標準新社会思想」に於いて「相対の地盤の上」という歯止めをかけたのである。

因みに「相対の地盤の上の絶対」という表現に違和感があるかもしれない。「絶対」という概念は「あらゆる相対を排する」ということを中核的要素とするのだから「相対の地盤の上の絶対」では「絶対概念の自己矛盾・自殺」ではないか、とも思われよう。

しかしこのことをそのように「知的・論理的に」考えるのは「西洋思想に毒されている」と評すべきである。我が国に於ける仏教の英語による世界的普及者及び仏教思想の深い思想家である偉人、故鈴木大拙（一八七〇〜一九六六年）は、東洋思想の特徴として「無知の知」「無分別の分別」などの矛盾したような表現を敢えて使っている。東洋思想に於いては私は「相対の地盤の上の絶対」ということも成り立つと思う。

いずれにせよ、本書を通じて最も重要なことの一つであるから繰り返すが、「関係性」と「個別性・独自性」のどちらが欠けてもいけない、というところに特別注意を払って欲しい。

そして、この個別性・独自性のほうは「切断」原理・「切断的」民族深層心理になじみ、「関係性」のほうは「包容」原理・「包容的」民族深層心理になじむ、と言ってよい。また、華厳思想は「関係性」のほうに重きがある思想であるから「包容」のほうに軸足がある。

以上の説明は、先にユング・河合隼雄の「切断」原理・「包容」原理の説明で、社会建設のために「切断」原理は必要だがそれが行き過ぎると破壊につながり、現代は既に「行き過ぎ」に入っているから、「包容」原理に軸足を置きながら適宜「切断」原理を活用することが望ましい、と述べたことと符合する。即ち、華厳思想は、思想内容とそれを支えるのに相応しい民族の深層心理がよく互いにマッチしており、このことが私が華厳思想を「世界標準新社会思想」の中核に採り入れる主たる理由である。

前述のように、「救済思想」と「社会思想」は本来別個であるが、同じ一人の人が「一方で社会の構成員」であるとともに「他方で社会を離れて個人」でもあるので、たとえ憲法で思想の自由を保障していても、両思想が同じ一人の人に関わってくると、そこに矛盾の生じることがありうる（ある思想に基づいて暴力行為に及んで法律で処罰される場合など）。

そのときには、「社会思想」のほうが優先するが、そのような「矛盾」は可能な限り小さくしなければならない、というのが私の考えである。矛盾が大きければ、社会はうまく構築できたとしてもそのためにその個人の人生がその人にとって好ましくなくなるか、何らかの我慢を強いられることになる可能性が出てくるかもしれないからである。

我が国の最高裁判所が「思想の自由」の保障だけでなく、思想を実現するための「表現の自由」（デモ行進等）という基本的人権を制約するような法令等について非常にきめ細かな「制約の限定」に努力してきており、表現の自由に対する不当に広い漠然とした制約を課しているような法令を、その漠然性という理由だけで違憲としてきているのも、そのような矛盾を最小化する努力の表われであると言えよう。

その点、「相対の地盤の上に絶対がある」思想の場合、この矛盾は華厳思想によって最小になると思う。その点が「考えうる限りの最も広大で包容力のある枠組である」華厳思想の大きな特徴であると私は解しており、そのことがこの思想を「世界標準新社会思想」の基礎に据える一つの理由でもある。

ではなぜ「絶対の栄枯盛衰の物語」が必要なのであろうか。

「栄枯盛衰」の前にそもそも「『相対の地盤』だけでは不十分で、『絶対』がなぜ必要なのか」、と言った方がわかりやすいかもしれない（しかもわざわざ「相対の地盤」と言って「相対」の重要性を強調しているにもかかわらず）。

「救済思想」としての華厳思想にはそのような条件はない（しかしそのような条件を排除もしていない）から、この部分は私が「新しい社会思想にとって必要である」と思って付加するのである。

というのは、人間は常に「現在の自分を超えるもの」（これを何らかの「絶対」と私はしている）を目指してゆくものであると思うからである（そうでないと人生に満足できないし、ひいては不穏な社会になってしまう）。

そして、「『相対的』絶対」なのであるから、そういう「絶対」には栄枯盛衰が必然となる。

ここで今後の説明を容易にするために、「相対の地盤の上にない絶対」（テロ目的など）を「絶対的絶対」、「相対の地盤の上にある絶対」を「相対的絶対」と呼ぶ。「絶対的絶対」は排除されるが、「相対的絶対」は逆に必要であり、歓迎されるのである。

因みに、タイに於ける仏教徒とイスラム教徒のように、この二つが異なった「相対的絶対」であっても、その間に対話は必要である。A国とB国の文化がどちらも「相対的絶対」であっても、対話がなければ往々にして狭隘なナショナリズムに陥って、果ては戦争ということにもなりうるし、一つの国の中でも争いは起きうるからである。

即ち、「相対的絶対」同士の間でも常に「関係性の模索」はありうるし、互いに必要なのである。

以上のことのわかりやすい例を一つだけ挙げておくのでイメージを摑んで欲しい（またテロの例で申し訳ないが）。

テロリストがテロを起こす動機・目的（大きく宗教的なものと政治的なものに分かれるが、そのいずれであっても）は「相対を排除した絶対」（「絶対的絶対」）であり、社会的に許されない（例えば、宗教的動機に出る場合に宗教的寛容性が全くない態度）。

もしこれが日本の神道と仏教のように「相対の地盤の上の絶対」（「相対的絶対」。宗教的寛容性のある態度）であればテロには至らないはずである。

ところで、右の説明はわかりやすくても、「テロリストでさえなければよしとされるはずである」という「安易で大きな誤解」に導きやすい。現代に於いてテロや戦争よりも遥かに恐ろしい、将来の人類の文明を破滅させるような要因は、前に〈ホモ・デウス〉について紹介したように、むしろ大多数の一般平均人の無意識の中に棲む「現在の社会思想」にある。

このことをステップを踏んで説明しよう。例えば、「経済成長至上論」と聞くと「経済成長は毎年毎年多少なりとも前年よりも高い成長をすること」で漸進的イメージであり、「相対の地盤の上」のことのように感じられるかもしれないが、これは錯覚である。

それは「不可逆的に無限に成長し続けることが前提になっていて、そのために環境破壊や温暖化などを極限にまで至らせる」危険を内包しているのである。

このように、「たとえ漸進的であっても必要な方向転換ができずに不可逆的に進行し、その果てに様々な非人間性や文明の破滅が待っているような思想や行動」はすべて「絶対的絶対」として排除されるべきである。

経済成長至上論の例を更に延長するとその先には、いずれ「経済・環境」などを超えて、例えば「ＡＩの制御不能」や「一部のアップグレードされた超人による他の大多数の人々の支配」等による文明の破滅にまでつながりうる危険なものとなる。「相対を完全に排除する絶対」として、テロや戦争よりも遥かに危険な思想であると言わざるをえない。

従って、現在世界標準となっている欧米流の「切断」原理そのものがもう既に「絶対的絶対」となっているのである。

以上縷々述べてきたように、「社会思想」は「社会心理」の制約（影響）を受けやすいので、「相対の地盤の上に絶対の栄枯盛衰の物語が成り立つ諸思想が守られているか」、換言すれば「どこかに何らかの『絶対的絶対』が残っていないか、あるいは新たに台頭し出していないか」、を常に種々の社会現象を観察しながらモニターし（ここに「社会学」の必要性も出て来る）、危険を見つけたらすぐ軌道修正する、という「社会思想の自己管理」が入らなければ信用できない。

私が提唱している「社会思想」は、「新たに世界標準となるべき社会思想」なのであるから、この「自己管理」も、あらゆる民族が協力して行なう世界的レヴェルのものである必要がある。

もちろん、各国には憲法上の思想の自由があるはずであるから、「何らかの『絶対的絶対』やその芽」が発生しても、実際の行動に至らずに思想に留まっている限り、それを国内法で処罰したり禁じたりすることはできないであろう。従って、世論を通じて糾弾するということを各国が連携して行なうことが現実的管理となる。

そして、この「自己管理」とは極めて意識的な行為であり、「切断」原理・「切断的」民族深層心理的である。後述するように、「包容的」民族深層心理を基礎とする日本人はこの点が弱く、世界管理の前に「日本管理」ができるために必要な最低限の「切断」原理を運用できるようにならなければならない。本書により、日本人のこの点に関する自覚的変化を期待したい。

以上本節で述べたことは、①「悪いこと」（「切断」原理の行き過ぎ）②「あるべき姿」（①の問題点の克服）③「原因分析」（世界中を支配している欧米人の「切断的」民族深層心理）④「問題克服の方法」（社会思想化された華厳思想と文明の交代の相乗効果）、というふうに、四つを同時相関的に定めたと言いうると思う。

そして、「逆流」の説明の最後のほうで述べた如く、以上のような「包容原理的新社会思想」を強く「意志」しながら社会システムを総合的全面的に見直してゆかなければならない。新社会思想導入を契機にそのような「社会思想の本来の機能の『回復・復権』」をも果たしたいと思う。

しかしながら、「切断的民族深層心理に基づいて切断原理的社会思想の下に（拡大のための）切断原理的社会システムを作ってきた」欧米人にこのような「本質的に包容原理的新社会思想」を持ちつつ「包容原理的社会システムに『作り直す』」ことを期待することは無理である。そうかといって、まず最初にやらなければならない「現在世界に蔓延している社会システムを壊すこと」一つを考えただけでも、「包容的」民族深層心理に根差した東洋人だけで行なうことも難しい。

例えば後述の「定常経済論」のような、「経済成長を追わないという新たな原理原則」に反する考え方（即ち経済成長至上論）を切りながら、「定常型社会」を新たに建設するということは欧米人にも十分になしえるし、むしろ欧米人がそこで活躍しなければ困難であるかもしれない。「原則として何でも受け入れる」「包容」原理だけでは、頑固な伝来の「経済成長至上論」を短期間に「切る」ことは難しいかもしれず、また、新しい社会（定常経済社会）建設のための新しい「切断」原理、が必要になるからである。

しかしながら、その場合であっても私は「包容」原理を基礎としながら、伝来の考え方を切ったり新たな社会を建設するために必要な「切断」原理を適宜採用し発揮させてゆく、とすることが安全な道と思う。軸足を「包容」原理に置いていないと、いつまた「切断」原理が「拡大主義的に」働き出すかわからないからである。

第2節　「世界標準新社会思想」の世界的普及の困難性と相応しい担い手

現今の世界が「切断」原理に立脚した欧米の社会思想と、そのベースにある「切断的民族深層心理の欧米の社会心理」に支配されている以上、前述の、「包容」原理に基本的に立脚した社会には世界は簡単には移行できない。

そこに、以下に展開する「日本人の世界貢献」が出てくるのである。日本人の深層心理は「包容」のほうを基本とするので、「新しい世界標準としての社会思想の内容をなす華厳思想」になじむし、それになじまない欧米人や彼等に追随する諸民族をこちらに誘導する能力を日本人は持っていると思われるからである。

但し、この世界貢献が、「日本人が、新しい社会思想の担い手になって世界に向けて発信すること」によりなされるのか、「東洋文明（特に中国が将来、過去の偉大な精神文明性を取り戻すと仮定して）が、西洋文明の成果を取り込んだ上で全体を総合するという西洋文明から東洋文明への『文明の転換』の『橋渡し役』になること」によりなされるのか、は難しい問題であり、後述するところに譲るが、一応、以下では「橋渡し役」を前提として論を展開する。

第3節　西洋文明から東洋文明への交代、交代の橋渡し・触媒としての日本人の貢献

そのためにはまず先に、東西文明の交代ということを述べなければならない。日本人はその「交代を橋渡し」するのであるから。

この点については、岸根卓郎（京都大学名誉教授）の「東西文明の八〇〇年周期交代説」を前提とする。

その著、『環境論』[7]（以下〈環境論〉）には、自然敵対的で一方的な拡大主義の西洋の論理では環境破壊は必然であり、自然親和的な東洋文明に交代するしか環境問題を解決する道はない、という趣旨が

書かれており、『文明の大逆転』(8)では、その交代は二一世紀半ばくらいが予想されているようである。その辺りのことを〈環境論〉から引用する。

「最後に、このように「環境問題を文明問題」としてとらえたさい、私は「環境問題解決への道は、東西文明の交代によるほかない」と考える。なぜなら、現在の環境問題は、自然対決的自然支配的な西洋文明が自然親和的自然共生的な東洋文明を巻き込んで引き起こしたものであるため、その解決には東西文明の交代をおいてほかに道はないからである。よりわかりやすくいえば、産業革命以前の東洋文明（五世紀〜一三世紀文明）は環境共生型の「太陽エネルギー型文明」としての、いわば「生存文明」であった。それが、前回（八〇〇年前）の東西文明の周期交代によって、現在の環境破壊型の「化石エネルギー型文明」としての、いわば「生産文明」の西洋文明（一三世紀〜二〇世紀文明）へと転換したが、人類が地球生命との永存を願うかぎり、人類文明は再び「東西文明の交代」によって、現在の「化石エネルギー型の西洋生産文明」から、新しい「太陽エネルギー型の東洋生存文明」へと進化しなければならないということである。

あるいは見方をかえれば、伝統を守り本質（変化しない精神世界）を追究するのが東洋本来の精神文明であり、伝統を破り新しいもの（変化する物質世界）を追究するのが西洋本来の物質文明であるから、人類が地球生命との永存を願うかぎり、人類文明は再び「東西文明の交代」によって、現在の「西洋物質文明」から、新しい「東洋精神文明」へと進化しなければならないということである。(7)」（「はじめに」）

八〇〇年周期の表を見ればわかるように、転換期には常に「大動乱」「世界動乱」がある。そして現代は周期交代の転換期にあたり、第三次世界大戦？　イラク、湾岸戦争、云々とあるが、これに民族移動、最近の天変地異、グローバリズムとその縮小化とも思える動き等々を加えると、まさに大動乱だと思われる。いよいよ東洋文明への転換が起こるのではないか。そして中国が貧困を脱する過程のどこかで過去の偉大な精神文明を取り戻すことも期待されている。

但し、誤解を避けるために一言すれば、岸根卓郎は「東洋文明に代わるということは西洋文明が達成したものをすべて否定する意味ではなく、それらを取り込みながら全体を東洋文明が総合するという意味である」との趣旨も述べている。

この説明は特に日本人にとっては非常に重要である。およそ社会思想というものは「功利と道義のバランス」を適正に保っていることが必要だからである。日本にありがちな「道義ばかりで功利がない」社会思想は、例えば太平洋戦争時の「万世一系の天皇」のように、「皇道」という「道義」ばかりを喧伝し、「この戦争のメリットは何か、本当に勝てるのか」などの功利面を見えなくして国民を誤った戦争（太平洋戦争）へと導いた面があったのではないか、など、特に日本に於いては危険性が高い（松井慎一郎『近代日本における功利と道義』[9]参照）。この問題については後でまた詳しく触れる。

また、「西洋文明の精神面は輝かしいから東洋文明に交代しなくても西洋文明の反省によっていずれ正しい道に戻る」とする反論的見解についても、前述の説明が答えになる面がある。その経緯を以下に詳述する。

西洋文明自身の反省に期待できるならば私も文明の交代に拘るつもりは全くない。しかし、欧米の一般人までがそのように変化するということが俄かに信じ難い理由は前述の欧米人の「切断的」民族深層心理だけではない。確かに西洋文明の精神面は輝かしい。しかし、それが「物質と精神の均衡」を適正に取るということに少なくとも近代以降は失敗していると見ている。成功していればハラリが警告しているようなことは取り越し苦労になるはずである。

失敗の原因は、輝かしい精神面以上に物質文明の進展が著しかったこと、西洋文明の精神面の内容に物質文明進展に寄与する要素があったこと、等にあると思う。前者は「欧米的科学技術」の進展を想起しただけでも理解されることであるが、後者には説明が要る。

旧約聖書に「神は人間をして自然を支配せしめる」という一節がある。これと反対のことも聖書にはあるのだが、この一節が永年欧米の「拡大主義的切断原理」（その結果の一つが自然破壊）のもとになってしまった。先に述べたように近時ローマ教皇が環境破壊をやめるよう回勅を出したが、今日欧米には非キリスト教徒も相当数存在することも考えると、これが「欧米人の新しい社会思想になった」とは言えないと思う。

また、キリスト教徒であれ非キリスト教徒であれ、欧米人に現在でも広く共通して認められる傾向は古代ギリシア以来の「理性」の尊重である。そしてこれは拡大主義的切断原理として使われることが多い。理性の権化とも言うべきヘーゲル（ゲオルク・ヴィルヘルム・フリードリヒ・ヘーゲル。一七七〇～一八三一年）を想起するだけでもこのことは理解される。ヘーゲルは理性を進歩・発展と結びつけている。欧米人は理性を通じて進歩の呪縛にかかっていると言っても過言ではない。有名な「弁証法」も、「止揚」（『アウフヘーベン』というドイツ語の原語も日本で広く知られている）を必要としている、ということに進歩に拘る上昇方向思考の性向が表われている。これは「切断的」民族深層心理と密接な関係があるが、現代まで続いている近代欧米の歴史的事実であると言える。

以上に対して、前述の岸根卓郎の「交代とは今までの西洋文明の成果を取り込みながら東洋文明が全体を総合することである」という説明は文明が交代するからと言って東西対立で捉える必要がないことを示している。

そして、「世界標準新社会思想」は、「西洋文明をも取り込むことができる大きな器であり、かつ、東洋思想の極致でもある華厳思想に依拠している」のであるから、まさしく「西洋文明の成果を東洋文明で総合する」ことではないだろうか。

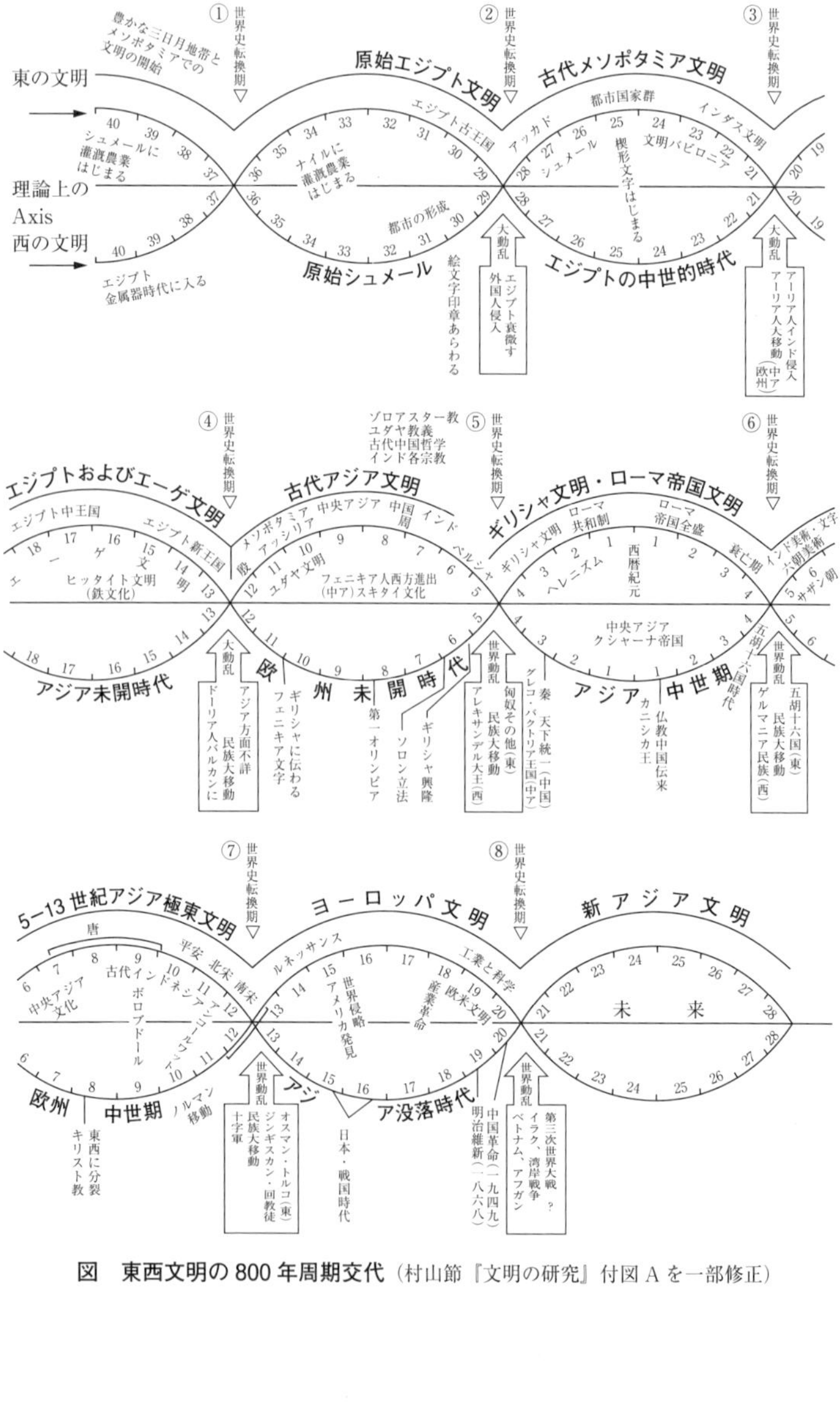

図　東西文明の800年周期交代（村山節『文明の研究』付図Aを一部修正）

岸根卓郎の〈環境論〉では更に、「文明が衝突する最たる問題である宗教に関しても日本人は八百万神というように対立しないのだから、この文明交代を橋渡しするのに（以下、「東洋文明への橋渡し・触媒機能」という）世界で最適な民族である」としている。(7)

「では、つぎにそのような「東西文明交代の掛け橋役」としては、誰が「適任者」であるかについて考えてみよう。前記のように「文明の衝突」（その結果としての紛争や戦争など）の原因の多くは「宗教」にある。その意味は、文明の衝突（戦争）の多くは「宗教がらみ」で起こるということである。愛や慈悲や平和を説く宗教が文明の衝突の動因になるとは実に皮肉なことである。ところが、その中にあって八百万の神を信じる「多神教徒」の日本人は、文明の衝突を他民族のように「宗教戦争」（神かけての戦争）にせずに解決できる数少ない民族といえるから、私は「東西文明の衝突の解決には日本人が適任者である」と考える」(7)（三二二―三二三頁）

続く第4節・第5節で、「東洋文明への橋渡し・触媒機能」を日本人が果たせる可能性を秘めている理由を、日本人のこころの構造や民族の深層心理に深く踏み込みながら説明する。これを理解しないと、「なぜ日本人が世界貢献できるのか」がわからない。

第4節　日本人の「こころの構造」――潜在的長所（1）――中空構造

河合隼雄の晩年の主張である「中空構造論」について説明したい。

これは次のような理論である。例えばキリスト教やイスラム教の神はそれぞれが唯一絶対神であり、「こころ」の中空が絶対神一色に塗られている（あるいは「こころ」に中空がない）が、日本人の場合、何も入っていない中空が続くか、たとえ一時的に何か絶対的なものが入っても［Aとする］すぐに別のもの［Bとする］に取って代わられて中空化する。従って、何かが恒久的に絶対的なものとして居座り続けることはない。

そしてBはAのカウンターバランスをとるものである場合が多く、「仮に絶対的なものが一時的に存在していてもすぐにカウンターバランスをとる別のものに取って代わられる」ので、（欧米人の場合こころが何か一色でぎっしり詰まっている「統合」であるのに対し）日本人の場合は中空でかつ表面がバランスしている点から「均衡」と呼ばれる。

この日本人の「何も入っていない中空」を河合隼雄は老荘思想の無の効用になぞらえて積極的に評価している面がある。中空であるからこそ、神も仏も入りうるのであるし、何か絶対的なものが居座って永続したまま出てゆかない、ということもないのである。ただ、「中空は外部からの侵入を受けやすく、それにたちまち占拠されてしまうという弱点がある」。この点については、本章第6節で詳しく論ずる。

もちろん中空とは意識だけでなく、無意識をも取り込んだ（むしろ後者に力点がある）「こころの全体構造」である。

以上を欧米人の側から見て再度説明すれば、日本人のこころの場合、中空であるからこそ、そこに神も仏も入りうるが、例えば欧米人のキリスト教徒の場合既に絶対神が入っていてすきまがなく、他のものが入り込む余地がないことになり、中空にしたり他のものに置き換えるためにはまず絶対神を追い出さなければならず、容易なことではない。キリスト教徒でなくとも、ギリシア以来の理性などが居座り続けている。日本人のこころの中空を占めた戦前・戦中の「天皇制」も戦後になるとすぐに「これからは民主主義だ」というふうに別のものに置き換わったが、欧米人のキリスト教の場合、戦争に負けたくらいで他のものに簡単に置き換わるようなことはない。

この説は河合隼雄『中空構造日本の深層』[10]、という本に展開されており、日本の神話で多くの場合三人兄弟姉妹のまん中の神に名前がなかったりほとんど触れられていないということの研究から来ている（河合隼雄『神話と日本人の心』[11]も同時に参照されたい）。

第5節　日本人の「こころの構造」——潜在的長所（2）——汎神的『気』

しかし、「何か絶対的なものに憑りつかれてそれが半永久的に出て行かないようなことはない」、というだけでは「東洋文明への橋渡し・触媒機能」は十分には論証されない。

そこで、日本人の特性と思われる「絶対的要素のある外来文化受容に際して、それを初めから相対的なものとして受容したり、時の経過とともにそれを相対化して、相対的なままで永く保存する傾向」（以下「相対化受容傾向」）に着目し、この点の重要性を強調したい。

この「相対化受容傾向」の社会心理学的ベースが「日本人のこころの中空を広く薄く満たしている汎神的『気』である」と考える。河合隼雄の中空構造論では、「仮に絶対的なものがこころにあってもすぐに他のものに取って代わられる」という相対化が語られているが、私はここでは「絶対的なものを初めから、ないし時の経過とともに相対化する」という面に着目して「汎神的『気』」と言っているのである。

そして、外国の異文化に接するとき、日本人の「相対化受容傾向」は相手のものに同化してそれを受け入れる方向だけでなく、相手のものを日本化してゆく面が相当に強い。例えば奈良時代に唐から律令制を取り入れたことを考えてみればわかる。そういうものを日本にも取り入れようと思うこと自体は「相手のものに同化」しているわけであるが、「日本的に変容して取り入れる」面に於いては「相手のものを日本に同化させてゆく」のである（これが色々律令制にはあったということが指摘されている。例えば科挙は採用しなかった）。

この「受容する相手のものを日本に同化させる」とき、「硬い外来のものを『柔化』*（にゅうか）する」機能が発揮されるところに日本に於ける外来文化受容の最も重要なモメントがある。そこにこそ「汎神的『気』」が作用するのである。

*「柔らかくする」という意味の私の造語。「柔軟化」では「柔軟性」というように弾力性・融通性のイメージになってしまうし、「軟弱化、軟化」ではひ弱さのイメージがつきまとう。従って「柔化」しかない。

平安時代にもし科挙を取り入れて官僚制を科挙に拠っていたならば、天皇は中国の皇帝のような官僚組織を支配する「権力者」にならざるをえず、官僚を率いて門閥貴族との「権力闘争」に直面せざるをえなかったであろう。天皇と藤原氏との戦闘になった可能性もあるのである。

もっと柔らかい、文化的貴族としての藤原氏と文化的な天皇とが外戚関係を結んで、天皇の「権威」の中で藤原氏の「権力」がところを得て、「権力」の乱用に至らなかった、という全体構造は科挙を採用しなかったことに大きく拠っており、「権力」よりも「権威」という曖昧模糊たるものへと馴染んでゆくところには心理的ベースとして「汎神的『気』」があったものと思う。

ただ、このような「汎神的『気』」が国家神道と結びついた天皇崇拝となって太平洋戦争を引き起こしたと解する向きもあるかもしれない。しかし、「軍が天皇の権威の下で権力を乱用して戦争に突っ走ったこと、それを国民が止めなかったこと」が平安時代とは決定的に異なり、これについては後にまた触れたい。

いずれにせよ相対的であること（絶対的にならないこと）がいかに貴重なことであるかをよく認識することが重要である。戦争やテロのリスクは一般に何か「絶対的なもの」を妄信するときに最も高くなるものだが、古来から今日に至るまで、日本の中に「絶対的なものへの妄信の永続」は何も見つからない。唯一絶対的なものが出現した太平洋戦争時の天皇制も戦後すぐ民主主義に取って代わられたから日本では絶対的なものは永続きしない。

「汎神的『気』」は日本語と密接不可分であり、「気」「身」のつく言葉が日本語には非常に多いことを想起すればわかりやすい。「気」も「身」も身体とこころの両方を包括し、むしろこころのほうに重心があることが多い。例えば、「身が引き締まる思いだ」などの表現は体のことよりむしろこころの状態を表わしている。「気」のつく言葉になるとアニミズム的で「汎神的『気』」の心理構造に直結するようなものが非常に多い（例えば「気配を察知する」）。参考までに、日本人がいかに「気」というものを種々の言葉にしてきたかを実感できるものとして、故米津千之（一九一二〜二〇一四年。元東京学芸大学教授）が「気」のつく日本語を集めたものを次に列記する。

気圧、気候、気団、気温、気流、気象、気宇、気位、気風、気品、気質、気性、気稟、気類、気骨、気根、気概、気心、気分、気長、気短、気軽、気重、気色、気楽、気孔、気勇、気丈、気合、気功、気息、気室、気前、気道、気門、気管、気運、気勢、気魄、気絶、気味、気炎、気脈、気球、気泡、気体、気化、気穴、気血、気密、気学、気虚、気侭、気鋭、気海、気胸、気持ち、気苦労、気配り、気高い、気立て、気働き、気安い、気乗り、気休め、気侠、気志、気取り、気晴らし、気掛かり、気落ち、気後れ、気構え、気組み、気詰まり、気付、気動車、気疲れ、気張る、気紛れ、気の毒、気がつく、気になる、気にする、気を揉む、気が早い、気が大きい、気が小さい、気まずい、気合を入れる、気に入る、気に障る、気を取られる、気が咎める、気が散る、気が急く、気が合う、気を引く、気の迷い、気難しい、気が変わる、気を巡らす、気を取り直す、気が晴れる、気が抜ける、気がない、気が紛れる、気が上がる、気を持たせる、気を回す、気が塞ぐ、気が滅入る、気を落とす、気を鎮める、気が置けない、気を吐く、気のせい、気に病む、気を集中する、気が効かない、気が進まない、気に食わない、気を引き締める、気を良くする、気を悪くする、気が沈む、気は心、気に止める、気が知れない、気取られる、気押される、気を遣る、気を削ぐ、気が気でない、気が触れる、気を使う、気を配る、気が高ぶる、気を静める、気が浮き浮きする、気が緩む、気忙しい、気を放つ、気を断つ、気を落ち着ける、気が動転する、気を納める、気が定まらない、気を許す、気を通す、気が通じる、気を飲む、気を育む、気を行き渡らせる、気が移ろう、負けん気、勝ち気、産気づく、辛気臭い、若気の至り、大人気、洒落っ気、移り気、可愛気、吐き気、商売気、食い気、瘡っ気、血の気、粘り気、効かん気、正大の気、合気道、風邪気、うつくし気、気だるい、好気性、快気祝い、生意気、乱痴気、火の気、土気色、ものほし気、運気、疝気、蒸気、湿気、陽気、天気、暑気、寒気、暖気、冷気、夜気、外気、大気、雲気、換気、通気、排気、吸気、呼気、心気、志気、噴気、空気、湯気、油気、塩気、妖気、一気、強気、弱気、念気、豪気、陰気、呑気、覇気、勇気、短気、人気、稚気、色気、剛気、鋭気、酒気、悋気、浮気、根気、愉気、対気、士気、上気、本気、和気、悪気、養気、益気、水気、火気、電気、意気、磁気、内気、平気、活気、鬼気、病気、邪気、正気、精気、狂気、生気、金気、語気、殺気、栄気、景気、才気、臭気、侠気、俗気、補気、地気、嫌気、脚気、勘気、清気、濁気、霊気、熱気、水蒸気、笑気、香気、神気、仙気

言葉は文化の中核であるから言葉の例を挙げたが、より正確には「日本文化」と「汎神的『気』」

は密接不可分、というべきである。

「文化」という、より広い観点に立って「汎神的『気』」を見てみると、例えば「動物や物を供養する」というのは世界の中で日本に特有であることも頷ける（上野景文『現代日本文明論』(12)参照）。上野景文はこれを日本人の「アニミズム」によるとしている。私の「汎神的『気』」と通底すると思われる（『気』はアニミズム的であるから）。

「汎神的『気』」は、日本的自然の感覚と通じているが、「多神教の神々のような具体性すらない」、ことが重要である。従って、「中空」に何でも入ることができるように、「汎神的『気』」は「何にでもなれる」のである。「広く薄い『気』」であり、日本人のこころにはこれが遍く存在していると思われる（例えば神道の信者でなくても多くの日本人が神社にお参りする）。

「汎神的『気』」は、東日本大震災で示されたような日本人の社会倫理性や新渡戸稲造『武士道』(13)に示されたような高い倫理性と相通じるものがあることにも私は注目している。「汎神的『気』」は「森羅万象は相互依存関係にある」という華厳思想の「関係性」と親和性があり、この関係性を通じて「狭隘なエゴイズムを超克する『こころの広さ、広がり、こころの〈柔化〉力』」を発揮するからである。即ち、日本人のこころには元来「他人との倫理的関係を求める華厳的心性」があると思われる。

「汎神的『気』」は、何かその中で絶対的なものを立てて他を支配するという発想には通じない。日本人には一般にあらゆることが汎神的なものに解消してゆく傾向がある。

以上に述べた「中空」も「汎神的『気』」も、結局両者相俟って広い意味の「相対化」を実現・維持するものであるから、両者を合わせて「日本人の相対化傾向」と呼ぶ。

そして、付録でこの「日本人の相対化傾向」を、「ニーチェのニヒリズムを突き抜けたところにあるもの」と「日本に於ける仏教的無常観を突き抜けたところにあるもの」の比較を通して「例証」する。

はしがきで述べたように、付録を第二部のあとで読んでもよいが、その前に読むなら第一部のまとめを先に見ておくほうがよく理解できると思う。

いずれにせよ、「日本人の相対化傾向」があることで初めて欧米に対し「東洋文明への橋渡し・触媒機能」を果たすことが可能になると思う。

この節を閉じるにあたって思うに、何か絶対的なものを妄信している人は文化の相対性を無視するから「世界標準新社会思想」を説くときの相手にはならない、と断定する必要はない。耳を貸してくれる人も必ずいるはずで、例えば西洋人でキリスト教の神を絶対と信じている人でも環境問題等から東洋文明下の生き方に注目している人は多い。キリスト教では一般に神が人間に「自然」を支配することを認めているが、それでもこういう主張に耳を貸す人は多いのである。また、東洋文明は「包容的」であるのだから、東洋文明に転換したとしてもキリスト教の信教の自由がなくなるわけではない。

第6節　日本人の「こころの構造」――潜在的危険性（1）――「中空」は外部から浸入を受けやすい

第4節で、日本人のこころの構造における「中空」は老荘思想の「無の効用」の柔軟性により、私が提唱している「世界標準新社会思想」に向けての東西文明の交代の橋渡しに貢献する一要素になりうる、と説明した。

しかし、「太平洋戦争を引き起こした『天皇制』という絶対的なものが日本人の中空を埋め尽くしたことがあるではないか、そしてそれは戦前・戦中の一時的なことであったからと言って許されることではない」と反論されそうである。「汎神的『気』」がその温床になったのではないか、と。これについては少し長くなるが以下のように説明することで答えたい(4)。

包容性は「暖かく包む」のであるからよいように聞こえるが、「呑み込む」という恐ろしい否定面も持ち、包容性には観音様と山姥の両面がある、等と言われる。この否定面を河合隼雄は日本社会について憂えた。

しかし、今次の大戦（太平洋戦争）を惹起した日本の場合、前記程度の山姥より恐い包容性が猛威を振るう危険があると思う。その正体を知って対策を立てないと健全な包容性社会日本にならない。それには日本政治史を振り返って日本人の行動様式を掘り下げて観察し直してみる必要がある。

権威と権力という座標軸を使い、以下に私の考えを展開する。権力は「他人を自分の命令に従わせる力」であって、「実際に何ができるかが問われるもの」、をこれに付け加えれば足りる。これに比して権威は「権力のこの二点とも問われないことを本質とするにもかかわらず尊崇される」という定義で適切に把握できる。もしこれらが問われれば権威はもはやない。

権威に包まれて権力が適切に位置付けられていれば善政、権威の下に権力が乱用されれば悪政、と言える。前者の典型が平安時代の政治、後者の典型が今次の大戦と思う。そして被治者としての日本人一般は権威が好きで権力が嫌いであると思われる（欧米・中国は逆）。頼朝・家康等は天皇制を終焉に導くこともできたはずだがそうしなかったことはこれを推知せしめる。しかも徳川家の治世は皮肉にも王政復古という権威を担ぎ出されて終了した。

ここで平安時代以降を概観する。平安時代は藤原氏に権力が集中し、かつそれが天皇の権威に包まれて安定していた。そして、天皇が文化的存在であって空虚な権威ではなかったという事情も、河合隼雄晩年の「中空構造」論との関係で重要である。

しかし鎌倉時代以降江戸時代までの七〇〇年弱は、世界史にも珍しい日本史特有の現象である長期武家政権の時代である。武人は戦争を仕事とするから権威よりも権力の政治になり、天皇の権威も後退した。そもそも社会統治に於いては文人のほうが武人より才能と責任感があると思われる。例えば長期武家政権下、日本では永く「全人民を対象にした社会統治」はなされなかった。法制が主に武士のためであったことでもわかる。なぜこれほど長期間、武人が支配したのか。①（中国の皇帝にあたる）天皇への権力集中がなされなかったからであり、②更に遡ると天皇が権威に留まったが故に、例えば中国のように皇帝が貴族と権力面で争うために（科挙制による）文人官僚と軍事力を直接掌握する必要に迫られなかったから、と思う。日本では文人統治は西洋の諸制度が流入する明治期からである。但し明治以後も天皇は文人と武人を権力的に掌握したわけではなく、権威に留まった。そして富国強兵・日清・日露等で国力・科学技術が高まってくると、それを利用して戦争を遂行する武人の実質的支配＝権力面、の潜在的危険が高まり、今次の大戦はその必然的結果であったとも見うる。

以上から「日本の歴史は権力の不安定な武人達の長期間の小競り合いの末、武人が天皇の権威の下で権力を乱用したもの」と見える。しかし長期武家政権の背景にある重要な契機である日本人が本来的に持っている「尚武の心」が精神面で補償してきたと思う（即ち「武士道」）。これが日本史に与えた影響は巨大である。幕末から明治の傑物達と武士道が密接な関係にあることをとってもわかる。

従って全体として見ると、日本史は素晴らしいものであったと私は思っている。

以上に対して比較を実感する例として、アメリカ駐在時代のできごとをひとつ紹介したい。アメリカ人の権力好きを痛感した話である。一九九〇年頃、私の勤務先の会社がアメリカで製造していたカーエアコン等に使うフロンという冷媒はオゾン層を破壊して紫外線による癌を増やすなど社会問題となり、関連諸業界の技術改良も求められていた。当時テキサス州の事務所にいたがワシントンから各企業あてに手紙が来て、「フロン規正法案を試験的に適用する。フロン使用者に極端に高い税金を課すようこの法案は作られているが、あまりに無茶だと思ったら遠慮なく言って欲しい」とあった（議会を代理する弁護士名）。アメリカ人達に聞いたら「議会は権力を見せつけたがる」と言っていた（彼等も権力が好きだから気持ちはわかる、と）。私にはそういう視角そのものが衝撃であった。日本の国会が立法活動による権力行使を喜びとすると見る日本人はいないであろう。

ここで河合隼雄晩年の「中空構造」論に触れる必要がある。日本人の心には外部からの侵入を受けやすい中空ができやすく、そこに「空虚な幻想」が入ると危険が増す（中心に何もないほうがまだよい）、として今次の大戦が例に挙げられている。これは永年の「母性・父性の座標軸」からの氏晩年のパラダイムシフトだそうである。両者の座標軸の関係について氏がどう考えていたかは私には必ずしも明確でないが、私は次の仮説を立てたい。即ち、中空に「空虚な幻想的包容性」が入り込むと危険が最大になり、日本人にはその潜在的傾向がある。そしてその上で、「権威＝（幻想的）包容性（但し平安時代のように内容ある包容性もあることに注意)、権力＝切断性」、と考える。権力は制度を作って「切る」ものであるのに対して権威は全体を「包む」ものだからである。このことは、極東裁判の記録に基づく丸山眞男の「軍国支配者の精神形態」という論文に書かれている次の点とも符合する。即ち、東条英機等の戦犯達は国民を煽動するだけでなく自らをも皇道等の道徳で包んでいたので（ヒトラーには明確にあった）、自分という「個人」が「権力」を行使している、という意識が希薄化していたのであり、それが彼等の極東裁判における戦争責任の曖昧さの背景にあったというのである。幻想の包容性としての天皇の権威はそれを利用して権力を乱用する面と自ら縛られる面の両方が混在して区別できないほどの権力側の精神状況であったと想像される。

以上のような仮説を立てないと、山姥程度では今次の大戦は説明しきれないと思う。

そしてこのような考察から思うのであるが、現代でも何か新たな集団的幻想的権威にすがる潜在的危険が日本人にはあると思う。丸山没後に氏の晩年の「オウムを何か特別な、自分達と違うものと思いがちだが自分には他人事と思えない。戦前は日本中がオウムだった」との発言がテレビで流されたのを思い出す。つまり氏にとってオウム事件は日本人が集団で何かの権威にすがる危険性が未だに消えていない一つの象徴的な事件と映ったのであろう。

説明は以上であるが、戦前・戦中の「中空にまつわる日本人の潜在的危険の現実化」については、

「汎神的『気』」も何がしかの関係があったかもしれないが、主たる原因は「中空が外部からの侵入を受けやすいこと」にある。

なお、前述の太平洋戦争・オウム真理教に加えて、明治維新以後の日本のアジアに関する「パターナリズム」（保護者的態度）について次のように付言したい。

維新から太平洋戦争にかけて、しばしば日本には「慈父のような天皇の恩恵をアジア全域に及ぼしてアジアの同胞達を欧米列強の脅威から庇護したい」という雰囲気が「日本そのものの防衛」と絡んだ形で国民を戦争に駆り立ててきており、それがついに「大東亜共栄圏」という幻想にまで発展したと思われる。

明治時代の第一回帝国議会（一八九〇年）に於いて総理大臣であった山県有朋が行なった演説はこのあたりの皮切りである。「幕末にロシアが北海道に現われて以来のロシアの脅威から日本を守るには朝鮮半島をロシアに取られないようにしなければならない」、「ロシアがシベリア鉄道を延長して満州まで鉄道を伸ばせば朝鮮の支配は現実の脅威になるから日本は満州も押さえておかねばならない」というような論理が同時に「朝鮮人民を守らなければならない」という心情とミックスされていたことを見逃せない。このような中で日清・日露の戦争は遂行された。

そして、大正デモクラシーの旗手として名高い民本主義の吉野作造も日露戦争の正当化として「ロマノフ王朝の圧政に苦しむロシアの民衆を解放するためにこの戦争に意義がある」という論を展開していたのである。

これらのパターナリズムの本質は「山姥的な悪しき包容原理」であったと思う。

以上については、加藤陽子『戦争の日本近現代史[14]』を参照した。これを含めて、対策で閉めたい[4]。

対策だが、中空構造論を逆手に利用したい。即ち、このような空虚な幻想的包容性である権威が中空に入らないように「『内容ある』包容性」を先に確立してしまえばよい、と考えたい。但しそう簡単ではないかもしれない。河合隼雄には日本人の中空構造は統合ではなく均衡（バランス）に頼っていて、何かができるとその反対物ができるという発言もあり、内容ある包容性を作っても阻害要因が形成されてしまうかもしれない（以上につき、詳しくは第8節参照）。従って如何にしたら中空構造の変化をモニターして必要な修正をかけてゆけるかのコントロールが課題となり、少なくとも可視化の努力が必要である。

以上から、日本人にも何か絶対的なものに憑りつかれる危険はあるが、日本人のこころには中空ができやすいのだから一度何かで埋め尽くされても再び中空になりやすく、天皇制やオウム真理教はキリスト教の神のように中心に居座って半永久的に出てゆかないということはない、ということがわかる。と同時に、日本人のこころの全体の動きを可視化してモニターしてゆかないと一時的にせよ内外に大きな迷惑・損害を及ぼすことがある、ということを銘記すべきであるということもわかってくる。

しかし、このような「日本人の民族深層心理の日本人によるモニター」は決してたやすいことではないことについて後に詳述する。

第7節　日本人の「こころの構造」——潜在的危険性（2）——道義が功利を圧殺する

ところで、先に「東洋文明が西洋文明の功利を含んだ形で全体を総合する」というところで触れた「功利と道義」という日本的思惟の重要な特徴（松井慎一郎前掲書(9)）は、前記の「中空構造論」・「汎神的『気』」への修正を迫る面があるのではないかという問題を扱う。

まず、松井慎一郎前掲書がどのような内容であるかを読者が理解する必要があるので以下に説明する。(15)

この本は河合栄治郎の研究者としても知られる著者が「功利と道義」という軸を近代日本思想の解明に資するために構想したものである。

動機について著者はこう述べている。「半世紀以上日本人として生き、四半世紀以上日本史研究者として過去の日本人の残した史料を読む機会に恵まれるなかで、気づいたことがある。この国の人々には、自らの欲望や感情を剝き出しにすることに対して一定の拒否反応が存在するということだ」(9)（二三〇頁）。

しかし、著者がこれを日本近代思想における弱点としてしまっているわけではない。功利・道義のどちらも良くも悪くもなりうる。このことは本書の章を追って、福沢諭吉、加藤弘之、内村鑑三、浮田和民と（日露戦争前夜に対露強硬策を求める建白書を提出した）七博士、牧口常三郎、土田杏村、河合栄治郎、石橋湛山と読み進めば、それらが対立の視点ばかりではなく同一人の中での並存（例えば福沢諭吉）や両契機を有機的に巧みに統合した例（石橋湛山）等、多様な態様に於いて描かれていることにより知られる。

ただ概して言えば、「道義の名の下に功利が抑圧されやすい日本の傾向」下での「功利の重要性」にもかなりのウェイトがある。

以上の多くの面を含むと思われる一例を理想主義的社会主義で知られる河合栄治郎の章から引用したい。

「河合における「人格」とは、「真、善、美を調和し統一した主体」であり、牧口常三郎が説いたような「利」がそこには含まれない。師の内村鑑三とは異なり、功利的価値も幾分認めていた河合であるが、祖国が危機的状況に陥るなかで、功利は否定され、道義が重視されるにいたった。しかも、その道義は、当然のことながら、日本という範囲に限ったものになっていったのである。[9]」（一八〇頁）

右の引用（戦争容認）は日中戦争勃発後の議会承認後のことであるが、次の引用は勃発前のことであり、両者の関係については見解が分かれうる。

「日中全面戦争勃発直前に筆を執った「迫りつつある戦争」（一九三七年七月）において、次に起こりうる戦争は、第一次世界大戦と同様、世界の主要国を巻き込む総力戦であり、戦勝国・戦敗国双方が深く傷つき、飛行機の発達により都市空襲が行われ、軍人でなく非戦闘員が惨禍の中心となることを指摘し、「戦争は自然的現象ではない。それを阻止することは困難ではあろうとも、人間の仕業である戦争は絶対に阻止しえないものではない」と、軍国主義のもと戦争へと流されつつある国民に向かって奮起を促している。[9]」（一七六頁）

最後のほうで触れている河合栄治郎（一八九一～一九四四年）が日中戦争直前に出した論文でかな

り「功利」の要素のあることを言っており、その後の世界大戦の様相を正しく予測していることに注目して欲しい。この段階で日本国民がこれに真剣に耳を傾けていれば、その後太平洋戦争にまで発展することはなかったかもしれない。

いずれにせよ、「その後軍部が宣揚し続けた日本における道義の優勢傾向による功利の圧殺で太平洋戦争に至ってしまった」ことは否定できない。

これらを社会心理学的にどう説明すべきかは難問であるが、次の仮説を提示する。

河合隼雄が言う「母性を基礎としながらも日本は父性がアジアの中ではあるほうである」との論旨（日本の父性は西洋と、より母性が強い他の東洋諸国との中間型）が、このバランス回復ないし極端な偏り防止になるのではないかと思う。この父性のお陰で明治維新が成功したと言える、と私は思う。功利は基本的に「切断」原理になじみ、道義はどちらにもなりうるが日本では「包容」原理になる可能性が一般に高い。

そもそも「道義と功利の適正なバランスこそがあらゆる思想の基本条件であるという松井慎一郎の考え方」（私も賛成）はバランスに依拠しているのだから河合隼雄の言う「日本人の中空構造は統合よりも均衡で成り立っている」に符合する。そういう意味では松井説は河合説の修正ではなく、補完ないし「よきあてはめ」だと言えるのではないかと思う。

但し、条件がある。先に触れたように「このこころの構造や動的力学の全体像を常に可視化してモニターし、必要に応じて均衡の補正・修正をする」ことである。

この行為は「一端均衡したように見える包容性・切断性を全体的に見直して必要があれば均衡を再調整する」という「切断」原理の行為であり（なぜ「切断」原理かというと、「全体の均衡を健全に保つ」という原理原則を立ててそれに反する構造を「切る」からである）、ここにこそ「母性を基礎としつつも父性があるほうである」が真に活きてくると思う。この条件を満たしていないと、例えば「道義が功利を抑圧していてもその弊害に気づかない」ことになる。

そして同時に、「功利と道義」は、日本人のこころの可視化とモニターの有力な武器の一つとして使える、ということも言える。

このような新たな構造を仮に「中空構造に於ける包容・切断均衡の不断の再調整モデル」と呼んでおく。

ここでこのようなモニターの一例を挙げておく。松井慎一郎前掲書[9]の冒頭のほうに「いま環境問題などが騒がれて、抜本的解決は成長そのものを否定するしかないという考え方が台頭しつつある」ということが書かれている。

「道義の名の下に功利が圧殺される」ことへの警戒心を持った上でこういう説を展開すべきである、

という、松井慎一郎のコメントが暗に示されているように読める。

これについては私はこの本に接する前から本能的に危険を察知して「功利面での努力」をしてきた。例えば私の定常経済論は、具体性や功利への配慮（一時に起こる大量失業を防ぐ、数値化する努力、人口抑制…）がいずれなされることが前提になっている。

ところで、日本に於ける功利より道義優先の傾向は日本人の「東洋文明への橋渡し・触媒機能」の障害にならないか。松井慎一郎前掲書(9)はここでも関係が出てくる。

これは先に触れたように、「東洋文明に代わるということは西洋文明が達成したものをすべて否定する意味ではなく、それらを取り込みながら全体を東洋文明が総合するという意味である」とする岸根卓郎の趣旨を没却しないよう、道義が功利を圧殺しないように注意しながら日本文化の「東洋文明への橋渡し・触媒機能」を発揮してゆかなければならない、と言い換えてもよい。これについては上野前掲書(12)に書かれている次の趣旨が参考になる。

この書ではおおよそ次の論旨が見られる。

「明治維新による西洋文化のまずは受容があった。次いで反発的国粋主義に傾いて行って、ついに太平洋戦争に。そして戦後その反動がおき、適正なバランスを取る時期に来ている。中国もこれから日本の明治維新以後と類似の『何度か壁を乗り越える』経過をたどると予想され、その後真のバランスを持った国になって行くべきであり、明治維新以後我々に起こったことを中国人によく教えて『それらを参考にしながら今後の対応を間違えないようにして欲しい』という外交メッセージを今こそ中国に向けて発信すべきである」という元外交官らしい発言が展開されている。

これと功利と道義をかませると、私の結論的核心に至る。

日本人が功利に傾き過ぎている今こそ（河合隼雄のバランス論も考えると）道義を回復して日本人自らが適正なバランスを達成できる時代になった＝それと「東洋文明への橋渡し・触媒機能」という世界史的使命が都合よくタイミング的に重なっている。「西洋文明からそれを取り込んだ東洋文明による総合の時代」という岸根卓郎のシナリオも「功利と道義を調和させた方向に今後の世界は向かうべし」という座標軸に乗せ換えたり二つの座標軸を重ねることもできる。

こういう全体を可視化することが極めて重要である。可視化は「切断」原理の行為である。可視化については日本人にもともと備わっている父性に期待したい。

第8節　日本人の「こころの構造」――潜在的危険性（3）――「日本的個」が未確立

河合隼雄は最晩年に「日本的個を確立することの重要性」を力説していた。

日本人の「集団志向」は「属している集団がどこに行こうとしているかについてすら日本人は曖昧

なままでありえる」ほどである。

先に、日本人の「汎神的『気』」は華厳思想の「関係性」になじむ、と言ったことを思い出して欲しい。しかし、これには少し注意が必要であることをここで問題提起しておきたい。それは、日本に於いては「包容」原理は閉鎖的になりがちである、という点である。本来「包容」原理は取り込む範囲が大きくなってゆく性質のものである。華厳思想に引き直してこれを表現すれば「関係性を梃にしてつながりの範囲が無限大にまで広がる」はずである。しかし日本では逆になりがちなのである。河合隼雄の言う「よい子はうちの子だ（よくない子はうちの子ではない）が「切断」原理、うちの子は皆よい子だ（優れていなくても）が「包容」原理」という説明も、「包容」原理が「よその子も皆よい子だ」と言っているわけではなく、「うちの子だけの話」であることに注意が必要である。

それに引き換え「切断」原理には「よい子であればよその子もよい子だ」という拡大の契機を持つという「何かを建設したり拡大したりするときには「切断」原理が必要になる」というよさもある（但し、前述のように、行き過ぎると破壊的になり、「うちの子であってもよくない子は冷酷に切り捨てる」ということにもなりかねない）。

日本では「包容性」の本質に反して逆に閉鎖的になりがちな理由を以下のように考える（私独自の考えである）。ここで「華厳思想的思考方法に於いては『個別性・独自性』と『関係性』が共に必要である」と前に言ったことを思い出して欲しい。「構成要素と全体も同時相関的に決まる」とも言った。ところが日本人の場合「個を忘れたり、ないがしろにしたりして、いきなり集団を見る」ので「うちの子なのかよその子なのか」が心を占領しやすい。本来「関係性」とは特定の集団に限定されないはずである。即ち、「日本的包容性は個が弱いがゆえに特定集団に限定されがちだが、華厳思想的包容性は個をも重視しているので関係性という梃を通じて無限に広がりうる」のである。

ではどうしたら日本人が本来的（華厳思想的）包容性に至るための「個」を持つことができるであろうか。以下に「日本的個」についての私の基本的考えと一つの提案を少し詳しく説明する(4)（以下では河合隼雄の言説とのからみで説明が進行するので「母性・父性」と「包容・切断」の用語が混交する場合があるが、母性＝包容、父性＝切断、として読んで頂きたい）。

現代日本社会において何を新しい「包容」原理とすればよいか。河合隼雄晩年の発言の「日本人の個の確立が重要」から出発したい。河合隼雄によれば日本の集団主義は何に準拠しているかが不明な精神状態である。こうした状況に中空への幻想的包容性の侵入が加わると一気に全体の方向が変わりうる。ところで一神教の「切断」原理による個人主義は日本人には難しい。父性でなく母性で個を実現したい（河合隼雄は「欧米的父性とは異なる」父性を前提していると思われるが具体策には至っていない）。個と母性は矛盾しないどころか、「個々の命を包んで活かす」ことが包容性であるから個は包容性の原点である。

そこで武士道に基づく日本人の社会倫理を新たな権威として確立したい。但し、末尾文献一覧記載の相良亨著の『武士道[13]』によれば、武士道にも死に親近性を有するものと生きることを重視しつつ死の覚悟をも重視するものがあり、左記に詳述するように母性の発揚は後者によるべきである。

江戸時代の儒学者に端を発する後者の武士道は、例えば「忠孝を尽くすため」（山鹿素行）、即ち他者への献身の為に「生きる」点で「個」の重視に基づく包容性である（因みに、武人の「切断」原理的権力政治と倫理である「包容」原理的武士道は別次元である）。現代に於いては必ずしも忠孝等でなくとも「誰かに何らかの献身をする為に生きるが、そのために死ぬ覚悟もある」、がよいと思う。また、そもそも武士道は「己に勝つ」ことに価値を置く点に「個」の重視の契機があるが、これも前記文脈では他者に献身する為である。かくして自他ともに「個」を中核に据えることによって健全な包容性を発揚し続けることが集団現象である幻想的包容性の侵入を防ぐ砦になると考える。また、これなら万国共通にできる。ただ日本人の場合、無私でも個に立脚しない「お国のため」等の抽象的目的では幻想の包容性になる危険がある。例えば孝も親という個を尊重することであることを想起すべきである。

新渡戸稲造の『武士道[13]』には武士階級の武士道が階級を超えて倫理に好影響を与えた旨が書かれているが、これを復活させる精神的素地が日本人にあると思われる（東日本大震災での日本人のモラルの高さ等）ので、現代的武士道は可能と考える。そして政治権力がこのような社会倫理の権威に反し得ない程度にまでする必要がある（それに反する体質の政権を認めない等）。

以上はマクロレヴェルの社会学であるが、「包容」原理・「切断」原理による分析に基づくミクロレヴェルの社会学も社会制度の多方面にわたって同時に必要と考える。日本社会のことは日本史を参考にすることも考慮に価する。一例を挙げれば、史実かどうかは別として大岡裁きがある。御定法という「切断」原理を個々の裁きで人情を考慮した種々の工夫で救済する（時には「更生」効果まで）もので、「個を包みとって活かし返す」「包容」原理による修正である。

以上で日本的個と私の一つの提案の説明を終わる。現代的武士道に於いて「個対個」を強調しているのは「日本的個の確立」を意識してのことであったが、現代的武士道というのは一例で、これだけでなく、次に述べるようにほかにも道はある。

例えば、河合隼雄の晩年の著作に『河合隼雄のスクールカウンセリング講演録』[17]がある。全国から集まったカウンセラーに対する講演集であるが、例えば児童のカウンセリングを例に取ると、前に述べた「個々の命を包んで活かすことが包容性であるから個は包容性の原点である」、と軌を一にしている観がある。カウンセリングというのはまさに「個々の相手の『個』に即して『個の確立に向けて』相手のすべての事情を『包容して』やっていかなければならない」ケースが多いからである。

そして河合隼雄は「欧米の個人主義的個を日本人がまねして欧米流の個を確立しようとすることは危険であり、日本的よさも失われかねず、決して賛成できない」という趣旨を説いている。

いずれにせよ、「日本的個」への努力がないのに「絆」とよく言われる「関係性」ばかりを求めることには、再び集団主義的な高揚によって太平洋戦争に突入したような誤りを繰り返しかねない日本人の危うさを感じる。

また、先に述べたように「日本人独自の新しい相対的絶対をなかなか創出できない」という弱点を日本人は持っていると思うが、日本的個が確立すればこの弱点も克服できると思われる。

更に、日本的個を確立「しながら」、「橋渡し」としての国際貢献をするべきであるし、逆にそのような国際貢献をすることによって「日本的個」が確立「してゆく」とも言えるであろう。この双方向的相乗効果を見逃すのはもったいないことである。

これら「二重三重の相乗効果的行為の集積」を「橋渡し的国際貢献」を契機にして行なってゆきたい。

第9節　「東洋文明への橋渡し・触媒機能」のその他の条件

日本人が「東洋文明への橋渡し・触媒機能」を発揮できるようにするための条件としては何はさて

おき、第6節・第7節・第8節に述べた日本人の弱点を克服することが重要であるが、そのほかに「日本語の保存」と「日本文化の独立性の維持」があり、本節ではこれらについて述べたい。

1　日本人が「東洋文明への橋渡し・触媒機能」を発揮できるようにするための条件としての「日本語の保存」

この問題について最も賛同できる本は、水村美苗『日本語が亡びるとき[18]』である。この本には「英語の世紀の中で」という副題がついていることからも推察できるように、「これから将来にかけて、日本での英語教育の増加が国語教育を削いで行って日本語が亡びる危険がある」という論旨が展開されている。その先鋒を担いでいるのが文科省だというのである。

著者はアメリカで育ちながら、日本近代文学に惚れ込んだ人である。そういえば高校で習った古文は江戸時代までそう抜本的には変わらずに来たのに明治以降急速に現代の日本語と同じようになったのは不思議である。国語の改革や大量の翻訳語等、種々の要因があるが、何といってもそれらを駆使して情緒的なニュアンスにまで広く深く発展させたのは日本近代文学の作家達であった、ということが前提にされていると思われ、そういう日本語を保存しなければならない、言語は文化の問題なのだから、と言う。コロンブスの卵の視点であり、賛成である。

先に述べたように日本語は日本文化の重要な一部であり、日本文化には「汎神的『気』」が不可欠であり、それは日本語によって継続的に組織的に再生産され続けなければ維持できないから、その見地からも大いに賛成したい。

そして普段英語で生きている彼女にとって「現在の日本人の英語レヴェルは、複雑なことについてのはっきりした考えを外国人に伝えるには不十分である」（例えばジャーナリスト）、と。

「一方そういう立場にない一般の日本人にとってそもそも高度な英語教育は不用である。しかるに文科省は英語を必須化して年齢も下げる傾向にあり、バスに乗り遅れる恐怖におののく親たちを浮足立たせており、このままでは英語も日本語も中途半端な人達が増えるだけ」、ということが力強く主張されている。

そして極め付けは「一部のひとを選んで高いレベルの英語教育をする、他の人たちは日本語のレヴェルを文化と呼べるほど高く維持することに努める。そういう教育を文科省に要求してゆく。教育格差をわざと作り出すようなこういう考えに、もし一般の日本人が踏み切れないときは、日本語および日本文化が亡びるときである」と。

2　日本人が「東洋文明への橋渡し・触媒機能」を発揮できるようにするための条件としての「日本文化の独立性の維持」

もう一つ、「日本文化の独立性維持」について。これについては第二部で詳しく述べる「定常経済論から来る、『地域から国家、更に地球へと積み上げてゆく』コミュニティ論と、平和論から来る、『地域から国家に積み上げ、更に地域連邦（ひいては世界連邦）へと積み上げてゆく』コミュニティ論*との統合」という大きな話が横たわっている。その中の例えば「東アジア連邦」というのを作る場合に日本だけはそれに加わらないでおくということを、「東西文明の移行を架橋する能力という国際的に重要な日本人の役割が果たせるように日本人の能力を保存するため」ということで、どれだけ説得力を持って海外に伝えられるかの問題であり、将来の課題とする。

*国家レヴェルでは、民族の血ではなく、ある民族に共通な文化をくくりとしたナショナリズムという考え（リベラルナショナリズムと言う）を採りたい。例えば、ベトナム人もフランス語が流暢である限りフランスで出世できる現実など、特に戦後の国家にはこのタイプが多い（詳しくは、例えば、白川俊介『ナショナリズムの力―多文化共生世界の構想』参照）(19)。そして、こういう国々が集まって「分権型連邦」を形成し、まず「地域連邦」（EUのような）を作り、やがてはそれが世界連邦に発展することを期待したい。この「分権型世界連邦」構想は、故ハンナ・アーレント女史（ドイツ出身だがナチズム台頭のドイツからアメリカに亡命した政治哲学者。一九〇六～一九七五年。以下「アーレント」）の構想であり、私もこれを採りたいが、いき

なり世界連邦というのは現実的でないように思う（詳しくは、千葉眞『連邦主義とコスモポリタニズム―思想・運動・制度構想』[20]参照）。

第10節　日本人の機能は橋渡しなのか、それとも日本発なのか

二〇一九年度の比思学会年次大会で、「日本哲学がアジアやヨーロッパで関心を集め出している、その中でも鈴木大拙と西田幾多郎の思想を研究している海外の研究者が多い」との報告がなされた。

鈴木大拙は、先に触れたときに述べたように、仏教（特に禅宗）を英語で海外に広めたという功績だけでなく、仏教思想の深い思想家としても世界的に知られている。

鈴木大拙は『日本的霊性』という本*を終戦直前の昭和一九年に出し、終戦直後の昭和二一年に再版を出した。今後「日本的霊性」を世界に向けて発信して世界平和に貢献せよ、という趣旨の本である。

*現在は角川ソフィア文庫から鈴木大拙『日本的霊性 完全版』[21]として出されているのでこれに拠ることとする。

この書は「日本的霊性を世界に発信することで世界平和が保たれてゆく」という信念の下に出され

たものであると思う。この立場は「橋渡しになること」ではなく「日本が世界標準になってそれを世界に普及させてゆくこと」である。

しかし、残念ながらこれが世界標準になることはなかったし、日本人がこのような自覚に立って広く海外に働きかけたという事実もない。

これについて考える前に、ここで言う「霊性」とは何かに触れる。

この言葉は太平洋戦争の支柱となった「日本精神」を批判するという意図に出るものだが、「精神と物質という二元論を超えた、一つのものであってそのまま二つである」というイメージ（私見では華厳思想に似ている）を出そうとしたものである。但し、「個人の宗教体験」を原点としており、例えば親鸞の思想は「煩悩具足の我」と「阿弥陀仏」という矛盾を極限まで推し進めて「阿弥陀仏に跳躍する」というような厳しい宗教体験を基礎として説明されている。

この本では浄土系だけでなく禅宗のことも書いてあるが、以下では理解しやすくするために浄土系に話を限定する。

そして、それは単に親鸞が説いたというだけではなく、「民衆にそれを受け入れる精神的基盤が成長していた」ということが強調されている。

その根拠を当時の「末法思想」には置かずに、源平の争乱で平氏がことごとく瀬戸内海に沈んだ、など、現実的で切迫した無常を民衆が痛感せざるをえなかったこと、平安時代から地方では大地を基盤に武士階級が育ち始めたこと、これらが一体になって鎌倉時代に浄土系の「霊性」が生まれるための受容側の精神的基盤ができていたこと、などに置いている。これは宗教社会学的にも親鸞の教説の核心の説明としても大いに賛同できる。

しかし、現代の日本人にはそのような精神的基盤があるとは思えない（敗戦直後を考えても）。戦後の物質的繁栄を謳歌してきた延長線上にある今の日本人にこれほど深刻な「宗教と真に呼べるような」霊性の発揚は残念ながら期待し難い。やはり「社会思想」としては無理があったのではないか。日本人の前述のような弱点を克服しない限り、このような「日本人が独自に創出する『相対的絶対』」は出てこないのではないかと考える。

従って、現状では「日本人が霊性を発揮して世界に向けての発信者となって」国際貢献をすることは理想であり、期待に留まっている。

第一部「一般的提言」のまとめ

＊必ずしも本文に述べたような表現通りではない部分もある。
そのほうがまとめとしては理解が深まると思う。

第1章　一般的提言に至るまでの方法論

本書の手法は製造業のＱＣ手法に類似

第2章　現代世界の文明的問題・その根本的原因

(1)　今の世界の何が悪いか

「欧米に端を発する科学技術の進展」が「寿命を五〇〇歳くらいまでに延ばしたい」などの欲望の領域にまで拡大し、永続化された生のための更なる欲望の爆発の方向に利用されて、ますます地球環境が破壊され、かつ、非人間的なことが増えて行く、そして人類はそのような科学技術をコントロールできなくなる（ＩＴ革命による将来の大量逆流［ＡＩ等の社会システムの暴走が社会思想を骨抜きにしたり、新社会思想の出現を妨げる］）、この方向の先には人類の文明破滅の危機が待っている。

(2)　本来の世界のあるべき姿は何か
本書の場合、(1)の裏返しで、「そのような問題を克服した状態」があるべき姿。
(3)　このことの根本的原因
欧米人の拡大主義的「切断的」民族深層心理に由来する「切断」原理が世界を席巻し続けていること。

第3章　一般的提言（第2章で認識された問題克服の方法）

原因分析と問題克服の方法を同時に考察して同時相関的に解決する方向を採る

第1節　大乗仏教の中の華厳思想を宗教でなく社会思想と観る視点＝「世界標準新社会思想」

「華厳思想」は、中国の唐の時代に則天武后に仕えた法蔵という高僧によって大成された考え方で、「森羅万象が互いに融通無碍（相互依存）の関係にある」とする「究極の『関係性』理論」であり、また、考えうる限りの壮大な思考枠組みである。この考え方は本質的に「包容」原理的であり、欧米の「切断」原理によって今日世界的に失われてしまった関係性を取り戻すために世界を覆う「世界標準新社会思想」としてその基礎に据えたい。但し、宗教（「救済思想」）として採用するのではなく、あくまで「社会思想」として採用するので、あらゆることを「包容」するとまでは言えず、例えばテロなどが刑法で処罰されるという「社会的制裁を受ける」ことは容認せざるをえない。更に、現在の欧米流の「切断」原理の「世界的横行」を排して「包容」原理に人類の文明の軸足を移すために華厳思想の持つ「関係性」を活用したい（但し、「切断」原理を全面的に排除してしまうのではなく、「包容」原理の上で「切断」原理を適宜活用する）。以上の目的のために、「何でも代入できる華厳思想」に「相対と絶対（の相互依存）」を代入し、「世界標準新社会思想」を「相対の地盤の上に絶対の栄枯盛衰の物語が可能になる諸思想を常に世界的に保持するようにすること」と定式化し、「相対の地盤にない絶対」（テロや現代世界に横行している「切断」原理など）を「絶対的絶対」と呼んで排除し、「相対的絶対」を逆に歓迎する。単なる「相対」より「相対的『絶対』」を上に置いている理由は「人間は常に何か自分を超える絶対的なものを求めないと幸福になれない」からである。そして「絶対的絶対が世界のどこかに残っていたり新たに台頭していないかのコンスタントなモニターと必要な修正を世界の民族が一致協力して行なってゆくこと」が「世界標準新社会思想」を実効あらしめるために必要とされる。

第2節　「世界標準新社会思想」の世界的普及の困難性と相応しい担い手

しかし、現代世界の「切断」原理（絶対的絶対）は欧米人の「切断的」民族深層心理に根差しているので、これを全世界的に「包容」原理的に転換することは「華厳思想」を「世界標準新社会思想」として宣揚しても容易には達成できない。従って、「包容的」民族深層心理を持った東洋人が主体にならないと実現は難しい。

第3節　西洋文明から東洋文明への交代、交代の橋渡し・触媒としての日本人の貢献

そこで、東西文明の八〇〇年周期交代説を採りたい。この説によれば今世紀は西洋文明から東洋文明に交代する世紀である（交代後は東洋文明が世界で主になる）。そして、日本人のこころの構造はこれを橋渡しすることに適している（次節以下で説明する）。但し、「交代」とはこれまでの欧米による文明の成果を否定するのではなく「それを取り込んだ上で全体を東洋文明が総合する」、という意味である。

第4節　日本人の「こころの構造」――潜在的長所（1）――中空構造

河合隼雄の中空構造論。日本人のこころは欧米人のように何か（キリスト教・ギリシア以来の理性等）がぎっしり詰まっているのではなく、中空であって何も入っていないし、何かで埋まってもすぐに中空に戻る性質がある、という理論。中空だからこそ神道でも仏教でも何でも柔軟に入りうるという「長所」（老荘思想に言う「無の効用」）がある。そして、太平洋戦争時の「天皇制」のような「絶対的なもの」が一時的に中空を埋め尽くしてもすぐにそれとバランスする別のものが出現して取って代わって（例えば戦争に負けた途端に「これからは民主主義だ」）、「絶対的なもので埋め尽くされた状態が永続きしない」とも説かれている。これが日本人の「東洋文明への橋渡し・触媒機能」の一つである（第5節末尾参照）。

第5節　日本人の「こころの構造」――潜在的長所（2）――汎神的『気』

これは私の理論だが、日本人の心の「中空」に「汎神的『気』」が広く薄く存在していて、「絶対的要素を持つ外来の文化を受容するときに初めから相対化するか時の経過とともに相対化して相対的なままで永く保存する」（柔化［にゅうか］）傾向に貢献していると考える。例えば、奈良時代に律令制を中国から取り入れたときに日本は科挙制は採用しなかった。平安時代にもし科挙を取り入れて官僚制を科挙に拠っていたら天皇は中国の皇帝のような官僚組織を支配する「権力者」にならざるをえず、門閥貴族との「権力闘争」に直面せざるをえなかったであろう。天皇と藤原氏との戦闘になった可能性もある。もっと柔らかい、文化的貴族としての藤原氏と文化的な天皇とが外戚関係を結んで、天皇の「権威」の中で藤原氏の「権力」がところを得て、「権力」の乱用に至らなかった、という全体構造は科挙を採用しなかったことに大きく拠っており、「権力」よりも「権威」という曖昧模糊たるものへと馴染んでゆくところには心理的ベースとして「汎神的『気』」があったものと思う。第4節の河合隼雄の中空構造論と私の本節での「汎神的『気』」を合わせて「日本人の相対化傾向」と呼び、付録でその例証をする。

第6節　日本人の「こころの構造」――潜在的危険性（1）――「中空」は外部から浸入を受けやすい

第6節～第8節までは「日本人の危険性」である。河合隼雄によれば日本人のこころの「中空」は外部からの侵入を受けやすい点に注意が必要であるとされている。戦時中の天皇制がよい例である。

第7節　日本人の「こころの構造」――潜在的危険性（2）――道義が功利を圧殺する

日本人の思考様式には「道義が優勢になって功利を圧殺する危険」がある。太平洋戦争を例に取ると「本当に勝てる戦争なのか」などの功利面は戦争を宣揚する軍部の説く「道義」（皇道）によって圧殺されていた。確かに戦後は日本人は功利に走り過ぎているが、この反動が来たときには要注意である。

第8節　日本人の「こころの構造」——潜在的危険性（3）——「日本的個」が未確立

晩年の河合隼雄は「日本的個」の確立を叫んでいた。それは「欧米流の父性原理的個人主義的個であっては失敗するし日本人のよさも同時になくなってしまうかもしれない」ということなので、「日本的個とは何か。どうすればそれが確立できるのか」を考えてゆかなければならない。その際に大いに役立つ考えの一つが「華厳思想の前提となっている考え方」である。第3章第1節の「社会思想化された華厳思想」に次の説明がある。「互いに相互依存関係にある要素のすべてに違いがあり、かつ、それらは平等である」こと。また、華厳思想では「全体とそれを構成する部分（人間社会で言えば「個」）は互いに同時相関的に成立する」、と説く。日本人が「個」より先に全体（会社、日本国など、自分が属する集団）を考えてしまうことは危険の始まりであり、日本的個確立の重大な障害である。第6節~第8節までの日本人の危険性を避ける方法として「常に日本人のこころの構造の現状や変化をモニターして行く」ことを提唱する。それらと「橋渡し機能を果たしてゆくこと」との相乗効果を期したい。

第9節　「東洋文明への橋渡し・触媒機能」のその他の条件

①　日本語や日本文化の純粋性やレヴェルの維持

②　第二部で述べる「地域連邦」（ひいては「世界連邦」）形成において、例えば東アジア地域連邦を形成するとき、日本人の「東洋文明への橋渡し・触媒機能」の発揮のためにあえて日本だけはそのような地域連邦に参加しない。

第10節　日本人の機能は橋渡しなのか、それとも日本発なのか

日本人が日本人に相応しい「相対的絶対」を創出できる民族にならない限り「橋渡し」に留まり「自ら世界に日本発の思想を発信する」ことは無理である。

第二部　具体的提言

第二部は、第一部の「一般的提言」に立脚した
その「適用例」としての具体的提言である

第1章　定常経済論

第一部で述べた「欲望拡大路線」からの方向転換の「第一歩」は「ほどほどの消費」などの「成長を追わない経済学」(「定常経済論」)[22]である。現在の大量消費を前提として経済成長を追い続ける資本主義の世界的蔓延は地球資源を含めた地球環境の破壊と文明の破滅の危機の元凶であり、「無限に成長を続けながら地球資源・環境をも保全する」という考えには(資源には限界があるなどから)破綻があることは前に述べた通りである。「無限の経済成長」は「絶対的絶対」として廃絶してゆかなければならない。

ただ、これを急激に推し進めると大量失業が少なくとも一時的には出るという懸念がある。それに先進国と開発途上国でも事情が異なるであろうし、これからの日本がもし人口が激減するのであれば「成長したくても成長できず、逆にマイナス成長を強いられる」かもしれない(ただ、その縮小安定化プロセスがうまくゆけば世界に先駆ける定常経済実現の模範になれるチャンスであるという観方もできる)。

しかし、世界全体で見ればやはり「成長を追わないでやってゆく経済学」に移行すべきだし、そのことが可能でもある。「増えてゆくのではなく、一定のところで定常状態になって毎年推移する」から「定常経済論」と呼ぶ。

その内容を以下に説明する。なお、経済用語も出て来るので読者のために適宜解説を挟む。経済学的説明をすると難しくなるので、できるだけ平易な言葉での解説にする。以下を順を追って理解すれば「軟着陸して今から『経済成長を追わない経済である定常経済』に移行することも可能である」ことを信じられるようになると思う。

現代に於いて成長をやめる考え方に踏み切れない理由は失業等の心配だけではない。各国の政権が「経済成長至上論」によって政権基盤を維持しようとすることもその一因である。更に、「経済成長至上論」は経済成長の短期的展望のみで政権選択を判断するので「経済のあり方」という人類の未来をも視野に入れるべき問題が民主主義に取り入れられ難いという問題もある。イギリスのＥＵ離脱やアメリカの大統領選を見ても結論の是非はともあれ判断の視野は目先だけの極めて狭いものであったと感じられる。即ち、「経済成長至上論」の克服は問題の性質に即して遠い未来を視野に入れた投票になるように「現在生きている者が未だ投票権のない子孫のことを決める」という民主主義のアキレス腱を克服するという課題と密接な関連を有している。

「定常経済論」は「一定限度を越えては成長を追い求めず、なおかつ安定的経済を持続的に齎す」

もので、一八世紀のアダム・スミス、一九世紀のジョン・スチュアート・ミル等の古典派経済学者達の考え方の中にあった。

この考え方はその後ながらく省みられなくなったが最近になって注目され出している。これは「成長を追わなくてもよい」というよりもむしろ「成長を追うべきではない」という主張の面を持っていることに注意を要する（更に「マイナス成長」を目指さなければならない場合もありうる、とすべきだが詳細は後述する）。なぜならば、「定常経済論」の論拠は「経済成長至上論」の何らかの弊害の予防であるからである。その弊害には次の三つが考えられる。

（1）地球資源の有限性（「資源有限性」）の無視。現在の経済学は「資源有限性」を明確な土台としていない。しかもそれぞれの資源について資源の不足・枯渇の危険を主張する側に立証責任（解説1）があるかのような倒錯した議論になっている。資源が有限であることは誰の眼にも明らかで、「経済成長至上論」を唱える側に「資源は今後とも不足しない」という立証責任があるはずである。

【解説1】「立証責任」は本来法律用語である。例えば、あなたがいきなり警察から「盗みを働いた」と言われて逮捕され、検察官に起訴されて刑事裁判になってしまったとする。身に覚えがないから「やってない」の一点ばりだがあなたが自分の無罪を証明する活動を一切しないで敗訴して有罪になったらしかたないが、立証活動をした結果、裁判官が有罪とも無罪とも決めかねるという状況になったとする。裁判官には「わからないから判決しない」ということは許されない。そこで「真偽不明になったときに有罪にするのか無罪にするのか」のルールが必要になる。これが「立証責任」と呼ばれるものである。

刑事裁判の場合、当然この場合無罪にするルールである。そうでなければ安心して市民生活を送れないし、基本的人権を保障した憲法にも違反する。ただ、こういうことを「責任」と呼ぶことには違和感がある。「責任」というと何か損害賠償をしたり辞任したりがつきものだがこの場合そのどちらもない。「立証の負担」と言ったほうがわかりやすい。即ち、「真偽不明のときに無罪とするルールは『検察官に敗訴の負担を負わせるルール〔出世に影響するかもしれない〕』であり、もし有罪とするルールであれば『被告人に敗訴の負担を負わせる〔有罪にされてしまう〕』ルールである」と説明すればわかるであろう。

これを私の論旨にあてはめると、「資源が有限であることはわかっているが、このままの成長を続けてゆけばいよいよ資源が枯渇して行き詰まるかどうか」の立証責任ということになる。もちろん、窃盗のように単純ではなく、資源問題などはどちらの方向についても立証は容易ではない。しかし、いつかはそれが何らかの形で求められるときが来るはずであり、手遅れになってから、「やはりこんなに成長ばかり追うべきではなかった」と立証されても意味がない、ということを言っているのである。

この考え方は資源だけでなく、トランプ大統領が言った「温暖化はでっちあげだ」にも使える。「温暖化は本当なのか本当でないのか」の立証責任の問題である。「手遅れになってからやはり本当だった」では済まされない問題である。立証責任は「でっちあげだと主張する側」にある。

では先に行く。

（2）先進国では市場が成熟段階を迎えており（「成熟市場」）、これ以上の成長は却って失業を増やすという弊害がある（既に供給過剰状態であるのに更に供給を増やそうとすると生産性（解説2）を向上させて人員削減によるコスト削減を図ろうとする）。

【解説2】「生産性」について説明する。「需要と供給が一致するところで価格や購入量が決まる」という経済学の法則を聞いたことがある人は多いと思う。なぜそうなのかの説明は省略するが、私の説明を理解して頂くために、「需要と供給が一致するところで価格と供給量（消費量）が決まる」という前提で、饅頭の例を出す。

あるひとり暮らしの人が夕食後饅頭を食べたいと思って店に行ったら「二つ買えば二つとも一割引き、三つ買えば三つとも二割引き」と言われたとする。二つまでしか食べる気がしなかったから二つだけ買ったが、別の人なら中には二割引きと聞いて三つ買うかもしれない。

これを供給者側（饅頭のメーカー）から見てみる。饅頭を二個作るコストのうち七割が人件費、三割が機械のコストだとする。かなり労働集約的な製品である。労働集約的とは人件費の割合が大きいことであり、資本集約的とは逆に機械の費用の割合が大きいことである。三個作る体制にして二割引きに耐えられるようにするためにはもっと他の安い機械を探してくる必要があるとする。見つかった機械で人件費を削って新しい安い機械を増やせば全体でコストが減って「二割引きに耐えられるようになった」とする。

このことを私の論旨にあてはめると、「二個で成熟市場になっているのに無理に三個売ろうとして労働集約的から資本集約的に『生産性を改善』する（＝人員削減）」ということになる。

次は金融資本の話である。

（3）（2）の「成熟市場」論の論理必然的延長だが、ことの重大性から独立の問題として扱うほうがよいと私が考えている「金融資本が猛威を振るうことによるバブルとその崩壊の繰り返し」（「金融資本の猛威」）の弊害がある。実物経済（解説3）が成熟状態になっているのに金融資本が利潤を更に拡大しようとすればサブプライム問題に見られるような幻想的需要を作出する必要が出てくる。実物経済側が「経済成長至上論」に染まっていては金融資本に容易に欺かれてしまう。

【解説3】「実物経済」を経済学的に説明すると難しくなるから、まず製造業を考えればイメージしやすい。物を買って消費することの対価を払うことで経済が回る、というイメージである。物でなく「サービス」（例えば介護サービス）でもよい。しかし「金が金を産む、金融商品を買ったり売ったりするだけで儲けたり損したりで経済が回る」という部分が大きくなると問題なのである。ここには消費者の真の需要はない。

もちろん実物経済が正常に回るためには金融業は必要である。銀行から少なくとも短期的には借金しないと材料を買ったり賃金を払ったりの資金繰りがうまくゆかない、など、実物経済を回すために必要な金融というものは確かにある。

ただ、それを超えて、あるいはそれと無関係な金融の動きが猛威を振るい出すと危険が増すのである。例えば、リーマンショックを引き起こしたサブプライム問題というのはひとくちで言えば住宅ローンが債券化されて流通する形をとったので貸す側も借り手の信用調査をろくにせずにともかく早く証券化された債券を売り払うということが横行して引き起こされたものである。「客観的に言って初めから返せるような借金ではなかった」ということは「そこに本当の需要はなかった（実物経済ではない）のに貸す側の『金が金を産むという幻想』だけが証券になって飛び交った」ことで引き起こされたバブルとその崩壊であった、と言える。

バブルとその崩壊も、「成熟市場になっているのに更に所得を増やそうとして生産性を改善して失業を増やす」という話と「実際の需要を超える需要を無理に創り出そうとすることに起因している」という点では共通の根があるが、失業が増えるという話とバブルの話は社会が被る被害がかなり異なるので、私は第三の弊害にすることを主張したい。

さて、現代世界に於ける切迫性からすると（3）、（2）、（1）の順であるが、説明の理論的わかりやすさは逆の順なのでこちらによることとする。三つの論拠による「定常経済論」は互いに矛盾せず、補完関係にある。また、いずれも今後の世界の人口が少子高齢化で安定に向かうことを前提にしている（解説4）。

【解説4】　人口が大幅に増えると経済成長を余儀なくされて定常経済が困難になるので「人口安定」が定常経済論の前提となっており、そのことには「世界的に安定化に向けて努力する」（例えば「健全な家族計画」）ことも含まれる。また、将来は先進国は人口回復傾向・途上国は少子高齢化傾向となり、全体的にあまり変わらないという観方もある。

では「資源有限性」から始める。

第一の「資源有限性」を論拠とする「定常経済論」をその典型的論者であるアメリカの経済学者

ハーマン・デイリー（以下デイリー）の説くところによって述べる。ＧＤＰが一単位増加するときに得られる便益＝限界便益と、ＧＤＰが一単位増加するために必要となる費用＝限界費用（解説5）が均衡する点で成長をやめるべきで、これ以上成長しようとすると費用が便益を上回ることになる。では実際にはどうしたらよいか。デイリーの提案は「ある地域の魚の年間に獲ってよい最大量」（その地方の漁師の数で割った一人あたりの量）を例にとって概略次のように説明されている。その割当量（枠）を国家が設定してオークションに出す。これでそれ以上の乱獲がブロックされる。更に、ある漁師は落札したときの枠を超えて獲りたいが別の漁師は枠より少なくしか獲らない予定であるとすれば、両者の間で枠の一部を売買すれば両者のニーズの差に従った微調整もできる。当然このような枠の設定の必要性・設定レヴェルは資源の希少性・再生可能性・代替資源確保の困難性等に応じて資源により異なるが、いずれにせよ枠がない場合に安いコストですまされていたのに比べて枠が設定されたあとはより高いコストを払わなければならないから自ずと資源の浪費が抑制されることになる。

これは「将来資源が枯渇するリスク」というものが現在の市場取引に反映されない状態から反映される状態に転換することであるとみなせば、伝統的経済学でマージナルな問題（例えば公害）として扱われてきた「外部不経済の内部化」（解説6）を様々な資源について広範囲に導入しようとする発想であるとも言える。

【解説５】　ここはかなり説明が要るし、全体の話の中で非常に重要な部分でもある。まず「ＧＤＰが一単位増加するときに得られる便益＝限界便益と、ＧＤＰが一単位増加するために必要となる費用＝限界費用が均衡する点」ということの意味を説明する。

ＧＤＰというのはある国の「一年間の国内総生産額」のことである。但し、デイリーの主張に於いては、「ＧＤＰが一単位増加するために必要となる費用＝限界費用、というときの費用」というのは例えば環境の悪化などの社会的費用も含んでいる、ということが重要である（この点の理解を欠いていると以下の説明も理解できない）。

国家単位になると物やサービスが多種多様になって複雑になるから先の例の「ある地域（漁業だけの地域。Ａ地域とする）の一年間に獲れる魚の量（を売れた金額で合計したもの）」をＧＤＰとみなして説明する。更に単純化のために、Ａ地域で獲れる魚はすべてＢ地域で売りさばき、Ｂ地域の人々だけが消費するものとする。従って「Ａ地域のＧＤＰ」とは「Ａ地域で獲れた魚をＢ地域で売った年間総額」となる。Ａ地域に十分な魚がいて一万匹（魚がまだ十分増える余地のある量とする）しか獲らないとすればＢ地域に魚に対する十分な需要がある限りかなり高い値段で売れるはずで、それだけＢ地域の人々が受ける便益が高いことを物語っている。次の年に二万匹（まだ魚再生の余地があるとする）獲ることにすれば前年度の一万匹を超える分のもう一万匹分のＢ地域の人が受ける便益（魚のありがたみ、とでも表現しておく）は、最初の一万匹の便益よりは少なくなる。横軸にＧＤＰ、縦軸に便益をとれば右下がりになる。一方、A地域の人が魚を獲る費用は例えばより遠くにまで行かなければ獲れなくなってゆくなど次第に増えて行って右上がりになる。

両者の交点でGDPを増やすことをやめるべきである、とデイリーは言うのである。ということは、この交点を超えて更にGDPを増やそうと思えば増やせるということである。これは、前述のようにデイリーが「環境悪化のような社会的費用も費用側に入れているから起き得る」ことである。そして、右では魚の例で説明したが、少なくとも先進国は「資源一般について」どこもだいたいこういう状況に陥っているという。

先の饅頭の例を思い出して欲しい。「三つ買えば二割引きでなく五割引きにすれば」二つで満足する人も三つ買って無理に消費することになるかも知れない。そして先ほど説明したように「A地域の人々が魚を獲ることの生産性を改善すれば（例えば魚群探知機を買ってもっと近くで効率よくピンポイントで獲る）、より多くの魚が売れて（たとえ値下げしても）より大きな売り上げになりうる」という点が重要である。なぜならば、こういうことを続けてゆけば「これ以上獲ると毎年再生される魚の量より多く獲ることになって再生力が落ちてしまう」などの「A地域の『社会的費用』が上昇」して、それもグラフに加えられるから、交点を過ぎてもGDPを増やし続けてゆくと、ついに魚が一匹もいなくなってしまうからである。

そうなる前にA地域を包括する自治体が例えば条例で、「年間ｘｘ匹まで」、というような枠を設定し、その枠をオークションにかけ、枠を落札したか、落札した人から買った人がその枠内でしか獲ってはいけないこととする、というのがデイリーの提案である。枠を持っていないがもっと獲りたいという人も枠を自治体が設定する前はただで獲ることができたのに枠制度ができてからは枠を売ってくれる人から買わなければ獲れないからそれだけ乱獲が抑制されるのである。

「その地域の魚」などは見えやすいしわかりやすいからこのような枠を設定することによって資源を保全することにその地域の人は賛成するであろう。しかし国家となると実に多くの物やサービスがあって全体のコスト（特に社会的コスト）が見えにくくなるから一定の仮定に基づいて枠を設定しても国民の賛成を得るのは難しく、「ひたすら経済成長を約束する」ことだけが支持されるようになってしまうのである。「よくわからないからただ成長を続けよう」というのは「国民自身が『立証責任論』を忘れている」と評さざるをえない。

【解説6】　長くなるが、もう一つだけ説明が残っている。最後のほうに「外部不経済の内部化」という言葉がある。経済学で言う「経済活動」というのは普通「市場機構」を通じて行なうものを言う。「市場」とは店舗のような物理的場所を必ずしも意味せず、売り手と買い手がいて売買契約が成立するならインターネット上の取引も「市場機構」を通じたものである。ところが「経済活動から市場機構を通じないで別のところにその影響が出る」ことがある。典型例としてよく経済学の本に載っているのは公害である。経済学は消費者だけでなく、生産者も含めて「両者を足し合わせた社会的効用の最大化」を目指しているので、公害というマイナスが経済活動から生じたものを無視するわけにはゆかず、なんとかこれを市場機構に齎そうとするのである（計算式は省略するが、公害を市場機構に齎すと、そうしないで放置する場合よりも「両者を足し合わせた社会的効用の総和」が大きくなるのである）。それを「外部不経済（例えば公害）の内部化（市場機構の内部に齎す）」と言う。

「内部化」の方法は色々あるが（前述の枠のオークションや売買もその一つ）、税金がわかりやすい。公害を出す企業から「公害税」とでもいうような税金を取って被害者の救済にあてれば「社会全体の効用の総和」はこれをしないで放置する場合よりも増加する。ひいては、そのような税金を取られるくらいなら公害を出さない製造工程に変えよう、という方向に企業を誘導することにもなる。

因みに前の魚の例ではデイリーは「一定の枠以上に獲る人から税金をとる方法でもよい」と言っている。

「外部不経済の内部化」は経済学の本の中では今でも片隅の方に少し書いてあるだけである。しかし「定常経済論」ではこれが正面に大幅に出て来る。

ところで、用語の解説をはみ出るが、ここで言っておきたいことがある。公害問題などは誰が加害者で誰が被害者であるかが明らかであるから「外部不経済の内部化」に反対は起きない。

しかし、環境破壊となると加害者や被害者の特定が難しくなってくる。確かに森林を乱伐している業者などはいかにも加害者に見える。しかし伐採された木材を買っている消費者が大勢いるとなれば単純に業者が悪者であるとは言えなくなってくる。温暖化になると「世界の全員が同時に加害者でも被害者でもある」と言うべきである。

こうなればなるほど「外部不経済の内部化」への賛成を得ることが難しくなってくる。なぜならば、「内部化」は社会のうちの誰か、あるいは全員に何らかの新たな負担を課すからである。しかしそんなことを言っているうちに資源が枯渇してしまう。我々はこういう難しい時代に生きているのである。

ではいよいよ「そんなことをして大量失業が出ないのか」である。

肝心なことは、枠の設定を段階的漸次的に慎重に実施してゆけば（解説7）一時に多くの漁師が失業するようなことはないという点である。また、資源の枯渇は量的消費によって起こるので、質的向上（製品の品質だけでなく例えばデザインの向上を含む）によるＧＤＰの増大は費用が便益を上回る事態を齎す要因とはされておらず、むしろ好ましいものとして歓迎されている。量から質に転換してゆくことにより資源の枯渇を避けながら失業を防ぐという側面もあると思う。この点で品質を追求してきた日本の製造業は世界に対して範を示しうる。

【解説7】「枠の設定を段階的漸次的に慎重に実施する」ということが重要である。この例では、漁業の跡継ぎが次第に減る自然減にできるだけ合わせる、などである。これには実際には数値計算による予測のシミュレーションが相当必要になる。現在、世界的に言ってまだ「定常経済論が計量経済学化していない」ので、これからの課題である。

では第二の論拠である「成熟市場論」である。

「成熟市場」の論拠（解説8）に基づく「定常経済論」を、その代表的見解である京都大学教授の広井良典（以下広井）の説に依拠して述べる。「定常経済論」の論拠を主として（先進国の）「成熟市場」に求めている（「資源有限性」も挙げられてているが）。

この見解からは、成熟した市場に於いては更なる生産性の向上は更なる失業を生むのでそれが労働集約型技術から資本集約型技術へのシフトによる場合はもちろんのこと、労働集約型技術の枠内であっても好ましくない。抜本的解決は時短・ワークシェアリング等によることになる。そのためには時短というような卑近な具体的問題のレヴェルだけでなく、「何か（例えば利潤追求）のために時間を使うのではなく、時間そのもののために時間を使う」という思想転換の必要性までが説かれている。このような思想転換の中で考えられるのでなければ本格的・継続的には時短も普及しないと思われる。

なお、途上国に於いては市場が成熟しておらず貧困が残っているから成長を追わざるをえないという問題がある。広井の答えの一つは「貧富の格差を減少させるべく、所得の再分配をまずなすべきである」というものである。この考え方は先進国にも妥当する一般的なものであるが、所得再分配をしないと「成長によって全体のパイを大きくすることで底辺を救う」という考え方に陥りがちであることが指摘されている。また、デイリーはこれに加えて先進国は途上国に自らの資源を開放すべきである、という主張をもしている。どちらも実際には関係諸国には納得に困難が伴うかもしれないが貴重な示唆である。そして現実には地球温暖化等の環境問題からの圧力によって動いてゆくとも予想される（例えば途上国もパイを大きくしないで所得再分配をまず行なう）。

【解説８】　この部分は、既に説明したことを多く含んでいるので繰り返さないが、成熟した市場に於いては「たとえ労働集約型の供給側の体制であっても更なる生産性改善は失業の増加につながる」とされていることに注意を払いたい。

ＡＩ等はこの見地から例えば「単なる人減らしだけの目的」であるならば導入をするべきではない。「製品のデザイン等、質的向上を目指して、人は減らさないで、むしろ人の経験とＡＩを組み合わせて付加価値（質）を向上させるため」などであれば導入してもよいであろう。

このように、これからは定常経済を維持するという条件を守り続けるために科学技術をどのように適用するかの社会倫理的判断がすべての企業に求められる、と言うべきである。

なお、先に触れた「開発途上国」の問題は単純ではない。貧困を脱していない場合には先ほどの「GDPの規模が限界便益＝限界費用（社会的費用を含む）の点よりまだ手前にあるから交点までは経済成長を続けてもよい」とも言える。しかし、その場合であっても、「底辺を救うために全体のパイを大きくするという方向ではなくて、その前にできるだけ所得再分配をしてパイを無理に大きくしないようにしながら底辺を救うようにする」という方針を開発途上国に共有してもらわないと結局地球全体として定常経済に移行することはおぼつかない。資源は地球レヴェルで考えるべきであるから定常経済も地球レヴェルである必要があるのである。

もちろん、その際先進国も率先して所得再分配をまずすべきであり、今後の国家の使命の最大のものの一つがこの再分配である。ところが巨大な貧富の格差があるアメリカなどでは少しでも景気が悪くなると格差は放置したままパイの拡大だけを企図する傾向が未だに強い。これでは開発途上国に対して「交点に至っていないが、できるだけ再分配で底辺を救って欲しい」などと要求できるはずがない。

ところで、先進国（例えばアメリカ）の富裕層が「貧富の差を是正すべきだ」と主張することがときどきある。こういうときの「真の動機」をよく見抜かないと騙されてしまう。

戦後のヨーロッパはだいたいにおいて「社会民主党的な政党」によって政権が担われ、「福祉国家」

を標榜してきた。しかし、そのとき、「中間層や低所得者層をもっと豊かにして市場規模を大きくして経済成長を図ってゆこう」という動機もあったのである。そのときはまだ現在のように「資本主義の行き過ぎ」の段階には至っていなかったからそれなりに歴史的機能を果たしたであろう。

しかし、現在になって例えばアメリカの大富豪が「格差を是正すべきだ」などと主張するときは要注意である。「中間層や底辺を豊かにして消費させることによる成長を図り、もっと儲けたい」というのが真の動機であることも多いと推測される。

そもそもこういう考えは一九三〇年代のアメリカの大不況による世界恐慌のときに活躍したことで有名なケインズ（ジョン・メイナード・ケインズ。一八八三～一九四六年）に由来する。ケインズは資本主義に於ける国家の役割の重要性を説いたが、その背景にはこのような考慮があったのである。あの時代はあれでもよかったかもしれないが、今はよくない。「もはや行き過ぎている」からである。

先に定常経済論の考え方として「底辺を救うためにパイを大きくすることを考えないでまず貧富の格差是正の再分配をすべきである」と主張していることと右の話は一見非常に似ているようであるが、全く異なることに注意しなければならない。定常経済論者がこのような主張をするときは「そのあと底辺の購買力が上がってパイが大きくなる」ことは、貧困が相当まだ多くて再分配くらいではとても救えないような開発途上国でもない限り、容認していない。従って、このような場合も様々な計量シミュレーションを先に行なっておくことが必要なのである。

最後の「金融資本の猛威」に移る。

第三の「金融資本の猛威」（を避ける必要性）を論拠とする「定常経済論」であるが、これは私の考えではあるが広井の実物経済の「成熟市場」論から論理必然的に出てくるものと思われる。しかし、金融資本の自己増殖の強烈な欲望はサブプライム問題に見られた幻想的市場の作出のように常に実物経済への干渉による無理な市場創出を図ろうとすること、金融資本は政治権力に働きかけて金融規制を骨抜きにする力を持っていること等から、独立の論拠として考察したほうがよいと考える。

例えばアメリカの大富豪の多くが金融資本家であり、その政治への影響力はよく知られている。解決手法は金融資本が実物経済の健全な維持に必要な範囲を超えて増殖しないようにするための厳しく継続的な金融規制であるが、容易に緩和されやすいので不断の警戒を怠ってはならない（例えば新自由主義（解説9）と言われるレーガン・サッチャー時代の大幅な金融規制緩和がサブプライム問題の下地となった面があることを想起すべきである）。

【解説9】「新自由主義」には色々な定義があるが、一九七〇年代頃からの「（金融規制などの）規制を緩和して小さな政府にして資本主義を発展させようとする方向」、くらいに理解しておけばよく、特にサッチャーなどはイギリスを金融立国にするために製造業を犠牲にした面があるほどである（例えば労働組合を潰した）。リーマンショック以後金融資本の暗躍を防ぐべく各国ともそれなりの努力をして金融規制を導入しているが、私見では「規模の大きな金融機関の存在そのものを認めない」（現在の巨大金融機関は分割する）くらいにしなければ再びバブルとその崩壊がありうると思う。

以上で定常経済論の説明は一応終わったが、「定常経済論は単なる経済学ではなく、総合的社会科学にならざるをえない」ということが理解できるように以下の説明を補う。ここに言う「総合的社会科学」とは前に述べた「社会学」と言ってもよい。

以上のみで「定常経済論」は理論的に説明されているはずであるが、定常経済論者の多くが費用・限界費用に環境破壊等を取り入れるだけでなく、便益に幸福度等、従来の経済学にはあまり見られない他の要素を相当広く取り入れている。このことは単なるプラスアルファではないと考える。

ここで先に説明した「河合隼雄の母性・父性の話」を思い出してほしい。河合隼雄は母性（包容）＝包む、父性（切断）＝切る、としている。河合隼雄の喩えの「よい子はうちの子だ」が「切断」原理、「うちの子はよい子だ」が「包容」原理、が適切である。「切断」は建設してゆく面もあるが、行き過ぎると破壊に導くとされる。即ち「切断」原理には拡大の為の原則を立てて反するものを切ってゆく（無制限な経済成長等の）「拡大志向」の内在が示唆されている。しかし「切断」原理が全くないと社会を構築できない。

近代経済学は経済だけに特化して社会拡大のための「切断」原理を掲げ、他の社会的諸側面を捨象してきたからこそ今日「行き過ぎた「切断」原理の横行による弊害」を種々生んでいるものと考えられる。従って、「包容」原理に基づいて、「切断」原理によって捨象されてきた諸要素を取り込んだ「総合的社会科学」を構築すべきであり、「定常経済論」はその中の重要不可欠だが唯一ではない構成要素になるべきものと考える（因みに「定常経済論」には近代経済学の諸概念を使うことが有用なので、「定常経済論」自体を拡大して「総合的社会科学」にするよりはその外にそれを取り込んだものを構築するほうがよい）。もっとも、「定常経済論」による新しい社会システムの構築には新しい「切断」原理も必要になる。しかし、それだけを見ないで全体を見る視点を常に確保するために「包容」原理の土台が必要なのである。

また、「物質と精神の均衡を図ってゆく」考え方も重要であり、これも物質面だけを強調してきた近代経済学が捨象したものを取り戻す点で前記の私の一般論と符合している（例えば環境破壊に目を瞑った精神文化は想像し難いので精神文化の興隆は環境改善と重なることが多いと思われる）。そしてこのように考えるときに初めて、「成長を求めないだけでなく、例えば環境問題からの要請や資源の枯渇が近づいている等の事情から、ときにはマイナス成長をも求めなければならない事態がありうる」という視点の必要性がより明確になる（例えば、資源の枯渇を理由とする場合で、外部不経済の内部化ではもはや間に合わないようなとき（解説10）の解決の一手段として一時的に特定資源の利用を凍結する等によるマイナス成長の場合が考えられる）。

以上からすると、本当は「定常『経済論』」と呼んでいることにも問題がある。しかしこの用語の下で学問が進展しつつあるのでこう呼んだのである。だが本質が「社会学」であることは間違いない。しかも「経済学としての性質は失っていない」のである。なぜならば、どんなに他の分野との密接な関連を視野に入れた全体像を構想するとしても、それらが最後は計量経済学的に数値に落ちてこないと具体的な手（例えば新たに環境税を課すとしても何にどれくらいのパーセントの環境税を課すのか）が出てこない。それでは実社会の役には立たなくなってしまう。そういうことも考えて私は「定常経済論」には近代経済学の諸概念を使うことが有用であるということも考慮して、「定常経済論」自体を拡大して「総合的社会科学」にするよりはその外にそれを取り込んだものを構築するほうがよい、と思う。

【解説10】　最後の「外部不経済の内部化では間に合わないようなこと」は、先に挙げた「ある地域の年間漁獲量の上限」を考えればわかりやすい。乱獲が行き過ぎて「もうこれ以上一匹でも獲ったらこの地域の魚は全くいなくなってしまうし、今後も一切増えない」となるとその地域の人々は全員が廃業に追い込まれる。こうなると「枠を設けたり枠以上獲る人に税金を課す」のでは間に合わず、「魚を獲ることを一切禁ずる」しかない（もちろんその地方の人々には何か他の仕事を斡旋したり魚が回復するまで一時的に補助金を出したりが必要になるであろう）。こういう事態に追い込まれたときには前年にはなにがしかの魚を獲っていたが今年からはゼロということになるから「マイナス成長を強いられた」ことになる。

以下に述べる広井の説の特徴は、以上に述べたことの好例である。

種々の視点を思想のレヴェルにおいても具体的方策のレヴェルにおいても、互いに有機的に結合させた総合的な体系である。あらゆる要素が「定常経済論」を巡って何らかの意味で常に互いに関連・通底している、と評しうる。いくつか例を挙げると：科学のあり方に関しても、「経済成長至上論」に対応する「要素還元的・機械的」（解説11）に「定常経済論」に対応する「トータルで生命論的な方向」が対置され、コミュニティのあり方に関しても、地域（地域貨幣論を含む）から国家、地球へとそれぞれを再定義しつつ積み上げ直して「定常経済論」に相応しい体系を構築する必要性が説かれている。

【解説11】「要素還元的・機械的」に対して、「定常経済論」に対応する「トータルで生命論的な方向」が対置されるとする、広井の主張を私の文脈に移し替えると「要素還元的・機械的」は「切断」原理であり、「トータルで生命倫理的な方向」は「包容」原理である。即ち、科学技術全体の方向を「包容」原理の方向に持ってゆくことがこれからは求められるのである。

次の例は、失業増大の予防と資源節約の一石二鳥の例である。

広井の説に於いては、定常経済と福祉の増大・環境への配慮・失業の予防が互いに相関して論じられている。例えば「ヨーロッパに於ける、環境税を福祉の財源とすることで企業を生産性より資源効率性を重視するように誘導する政策」が説明されているが、私はこれは「成熟市場」に於ける生産性の向上による失業の増大の予防と同時に資源の枯渇の予防（＝資源節約）をも結果しうるものとして貴重な考え方であると思う（解説12）。

【解説12】　右の話は次のように考えてみたらわかりやすいかもしれない。例えばなにがしか環境破壊をしなければならないような産業が生産を増強させるために生産性向上の投資だけをすればますます環境が破壊されて環境税がとられるので、環境破壊を低減するような投資もしながら増産を計画するかもしれない。

以上を、第一部の「一般的提言」との関係で見直してみると次のことが言えると思う。

定常経済論は前述のごとく原始仏教の「中道」に合っているだけでなく、孟子の「恒産無くして恒心無し」にも符合すると思う。儒教という「道義」を説いた孟子もこのような「功利」にも適切な配慮をしていたのである。ただ、現代は「恒産過剰ゆえに恒心無し」と評しうるであろう。そう考えると逆に定常経済論は道義と功利がバランスした考え方であると言える。

これらのことから、東洋文明が定常経済論と親近性を有することが理解される。

そして、東洋の中でも日本人のメンタリティが定常経済社会実現に適したものであることを実感して頂くために、「日本学」*の創始者である清水良衛が地倫の学会誌に発表した論文から一部を引用する。(23)


*清水良衛『日本学のすすめ(24)』参照。


「……「もったいない」は室町の頃に「勿体なし」として使われ出したらしく、事実、万葉集では同じ意味に「あたら」が使われている。ということは、日本人にはこの感覚が古代からあり、それは生活の中で自然と育まれていったことが考えられる。

私はその源流を、アニミズム的自然観からの古代信仰に生じた生活感覚の中で育って来たもの、と考えている。それは、原神道的発想からの縄文教→原始神道→古神道→神道という発展の中で、外来思想の仏教の教えも加わり、日本的に深められて来たことを思うのである。

神道にも仏教にも求められる「もったいない」の思想的源泉には、全地球的再生を目指す【地球と共生する叡知と倫理】が深く根づいており、それ故に、欲望を限りなくかき立て変質拡大して来た資本主義や、自制力なく時に行き過ぎた利己の道具に傾く民主的自由のつくり出す現代の諸問題を、改善していく糸口がここにあることを思い、今後の地球社会の生き方をこの島国で育てられてきた生活観に学んで見たい、と考えるのである。……」

また、広井の『ポスト資本主義』[25]（以下〈ポスト〉）には、人類は成長と定常を周期的に繰り返してきており、例えば仏陀が出現して「精神革命」を起こした時期が農業経済が成熟段階に達して定常状態になった時期にあたっていることが今日ではわかっているという趣旨が書かれている。そして、現代は再び定常状態にさしかかっており、「偉大な精神革命」が起きる可能性を秘めた時代である、と。これはかならずしも東洋文明のほうから起きるとは書かれていない。ただ、私の文明交代のシナリオからは東洋から起きてもらいたい。

第2章　定常経済論のコミュニティ論と平和論のコミュニティ論の統合

第1節　両コミュニティ論とその統合の必要性

「定常経済論」の重要な構成要素である「地域→国家→地球へのボトムアップ的積み上げ直し」は定常経済論の内部で地球レヴェルでの調整をやがて要求する（例えばある国で定常経済を守ってもその国が森林資源を乱伐している別の国からの木材を輸入しているようでは全体的に定常経済にならない）。

一方、平和論として国家単位で平和を維持するのか、世界連邦によるのか、などの議論が古くからある。アーレントが構想していた「地域→国家→連邦」の方向にボトムアップ的に見る「分権型連邦」を支持し、「地域連邦制」からやがて「世界連邦制」に発展することを期待したい（アーレントは地域連邦というステップを必ずしも考えていなかったようであるが、いきなり世界連邦というのはあまり現実的ではないと思う）。

両コミュニティ論に於いてボトムアップが必要である事情はすぐ後で述べるが、いずれ両者を地球レヴェルに於いて統合しなければならない。例えば「地球全体で有限な資源の国際的配分を決めること」は定常経済論に関わる重要な問題だが、それと「地域紛争の諸国家協力しての鎮静化」などが別個の国際組織で行なわれることは現実的でないことを考えてみればわかることである（私見では後述するように、どちらの問題も（世界連邦になる前にはまず）地域連邦内で調整し、しかるのちに地域連邦代表が世界的に集まって調整する）。

ところで、「定常経済論のコミュニティ論」でも地域→国家→地球の方向にコミュニティ論を積み上げ直すことが広井によって主張されているが、その理由は簡単ではない。しかし今その詳細に立ち入るよりは「国家から出発すると例えば底辺を救うためにGDPのパイを大きくしようとする、など中央集権的資本主義になりがちで、ひいては真の地方自治は考えにくくなる」、ということに思いを馳せるだけもわかる。定常経済のためには権力は分散されているほうがよい。

一方、平和論でも同じようなことが別の動機でたまたま言えるのである。地域→国家→地球のボトムアップがアーレントの「分権型連邦制」でも考慮されていたことの一つには「連邦の中では権力分散的にしておかないと例えば覇権国が出てきて連邦を牛耳ろうとする危険が高まる」という懸念があったと思う。

この具体策について現在のところ私は以下のように考えている。しかし、定常経済論のほうの「国家間の調整」も「すべての関連する問題を洗い出してその国際的調整機関とその具体的機能にまで落とす」ことが最終的には必要になると思うので将来の課題としたい。

1　国家レヴェル

（1）定常経済論では国家の最重要機能は「再分配」である。「底辺を救うためにパイを大きくするという経済成長至上論に対してブレーキをかける」ためにはその前に現代世界に蔓延する不当な格差是正のための再分配をすべきだからである。

（2）平和論ではどうか。世界政府論は採らない。言語も文化も異なる人々の間に民主主義に不可欠な「成熟した議論」は期待できないからである。また、カントも反対していたと思われるが、世界政府（「世界連邦」とは異なる概念であることに注意）では権力が強大になり過ぎて乱用の危険がある。

（3）（人種的ナショナリズムにならないためにも）「言語や文化の共通性が国家形成の基盤である」と主張する「リベラルナショナリズム」を採りたい。また、そのような帰属感は資産家の課税逃れの所得の海外移転（再分配機能弱化）を減少させるから定常経済論にも資する。

（4）更に、「民主主義」「人格の尊重」「多様な価値の尊重」（文化ナショナリズムであっても他国の文化を尊重しない排外的なものになりうるのでその観点からも重要）等、「一定の原理的価値の共有」が求められる。即ち、組織と基本原理の両面が必要である。

2　国家を超えるレヴェル

平和論として「分権型の連邦制」（国家を束ねた連邦、アメリカ型でなくEU型）を採りたい（前述のように、最終的には世界連邦でも、現実的には当面地域連邦から始めるしかないと思う）。理由は分権型連邦という考えが地方重視の方向であり、国家間だけでなく各国の中も自治尊重的ムードになるからである（アーレントが目指していた方向）。これは定常経済論での「地域尊重、地域からの積上げ」に符合する。但し、連邦を支配しようとする覇権国等の出現の予防やリベラルナショナリズムの基礎である文化の独自性が連邦によって脅かされることを防止するために「連邦形成の条件や連邦の基本原理を定める世界法」（例えば文化が連邦によって侵害されたと判断する国の連邦脱退の自由）を制定し、それに賛成した国の間で連邦を形成する。

3　全世界的調整

最後にこれらの諸地域連邦からの代表（世界連邦になったら諸地域代表）による種々の会議を構想し、定常経済論に於ける地球規模の調整もここで行なう（例えば全世界的天然資源再配分合意）。

第2節　両コミュニティ論の統合と文明の交代の接点

第1節では機関（国際機関、国家機関、地方など）の見地から論じたが、内容の見地から「東洋文明への交代」との関連に於いて、岸根卓郎の「農都融合社会」論を紹介したい（〈環境論〉[7]）。これは第1節の両ボトムアップのうち、最初の「地域」の部分にほぼあたると考えられる。東洋は農業文明を基本とし、西洋は機械工業文明を基本とし、それぞれ農村と都市に対応すると考えられる。

しかし特に先進国では日本をはじめ、都市と農村はほとんど無関係に発達してきた。それを始原に遡って考え直すという提案であり、岸根卓郎の「西洋文明の成果を取り込みながら東洋文明が全体を総合する」ということの最初の一歩にあたると思われる。

「洋の東西を問わず、社会制度は時代とともに農業社会から工業社会へと移行する。なぜなら、人間の本性は農業社会に内在する封建性や後進性や貧しさや不自由などから解放され、工業社会のもつ近代性や娯楽性や豊かさや自由などを渇望するからである。ところが皮肉にも、人間がせっかくそのようにして手に入れた工業社会（都市社会）が、いまや自然環境を破壊し、人間関係をも破壊させるようになってきた。そのため、現代人はその工業社会から脱却して脱工業化社会（脱都市化社会）へと移行せざるをえなくなってきた。では、そのような「未来社会」としての「脱工業化社会」（脱都市化社会）とは、どのような社会システムであろうか。

以下、この点について述べるが、それにははじめに農業社会システム（農村社会システム）と工業社会システム（都市社会システム）の長短を比較検討しておく必要がある。いうまでもなく、農業社会システムは「農本主義」を基盤とした「農業生産システム」であるのに対し、都市社会システムは「資本主義」を基盤とした「工業生産システム」である。したがって、農業社会システムでは生活は貧しいが、自然と共生でき、環境負荷が小さく、しかも精神的には豊かであるため、人間性が回復できる。これに対し、都市社会システムは生活が豊かで文化性が高く利便性も娯楽性も高いが、自然に対して収奪的で、環境負荷が大きく、精神的には貧しいから、人間性が快復できない、等々の長短がある。とすれば、脱工業化社会システムの指向すべき「未来社会システム」は、自然共生的で、環境負荷が小さく、人間性が回復できる「農村社会システムの長所」と、生活が豊かで文化性も利便性も高い「都市社会システムの長所」を融合した「農都融合社会システム」でなければならないことになる。

すでに述べたように、現代の資本主義経済システムは、一見、非常に進歩しているかのようでも、その実「有形財」のみを対象とした「物々交換経済システム」にすぎず、基本的には、古代の経済システムから一歩も「進化」していないところに問題がある。その意味は、現代の資本主義経済システムもまた、有形財のみを対象に、古代の物々交換経済を「貨幣」を媒介に便利にしたにすぎないところに問題があるということである。それゆえ、そこでは古代の物々交換経済と同様、形か重さのある有形財としての「経済財」（工業製品などの総じて物財）は「値決め」（価格形成）の対象になるが、形も重さもない無形財としての「環境財」（美しい景色や清い空気などの総じて自然環境）は「値決め」の対象にはならず「無価値化」されるということである。……その結果、現行の物々交換経済システムの下では、環境財の効用価値（公益価値）は、それがいかに大きくても、その貨幣価値はゼロとみなされるから（金銭にならないから）、環境財は無価値化され、環境は破壊されて悪化の一途をたどることになる。……。

とすれば「未来社会システム」は、経済財の価値（有形財の効用）のみならず、環境財の価値（無形財の効用）をも同時に確保できるような「経済環境調和社会システム」でなければならない。具体的には、そのような経済環境調和社会システムは、現行の経済社会システムの下では「外部不経済」として価格形成の対象にならない「環境財の価値」（公益価値）をも「内部経済化」（貨幣評価）し、それを現行の物々交換経済システムに組み入れた社会システムでなければならないことになる。それこそが、私が提唱する「未来社会システム」としての「農都融合社会システム」である。」（二六五―二六七頁）

この引用の最後のほうの「外部不経済」の「内部経済化」については、「第1章　定常経済論」に於いて説明したことを参照して欲しい。

文明交代論ではないが、先に引用した考えと通底する考えを示している部分を広井の〈ポスト〉[25]から一部引用する。この本は定常経済論を論じたものである。

「　地域の「自立」とは――不等価交換と都市・農村の持続可能な相互依存

以上のようなコミュニティ経済ないし「経済の地域内循環」というテーマを考えていくにあたり、もう一つ忘れてはならない論点がある。それは「地域の自立」とは一体何かというテーマだ。

通常、地域の自立というのは経済的ないし財政的な意味で使われ、たとえば財政破綻した夕張は自立しておらず、経済的に豊かな東京はもっとも「自立」しているという具合に語られる。

しかし本当にそうだろうか。環境政策などの分野で「マテリアル・フロー」、つまり食料やエネルギーの物質循環を指す言葉があるが、そうした視点から見れば、むしろ「自立」しているのは地方や農村部であり、逆に東京のような大都市は、それらの地域（あるいは海外）に食料やエネルギーを大幅に「依存」するかたちで初めて成り立っている。

福島や新潟という、首都圏から遠く離れた場所に東京電力の原発があるというのはこうしたことの象徴であり、３・11が明るみに出したのは、高度成長期以降の日本が忘れかけていた以上のような「都市—農村」の関係性だった。しかもここで重要なのは、東京のような大都市圏は、食料やエネルギーを相当に安い価格で地方や農村から調達しており、そこにはある種の「不等価交換」のメカニズムが働いている。これはいわゆる先進国と途上国の関係と構造的に共通するものであり——なぜそうした「不等価交換」が生じるかについては「時間」というテーマとあわせて終章で考えたい——、したがって二〇一二年にスタートした再生可能エネルギーの固定価格買い取り制度や、様々な農業支援、地域の若者支援のような「再分配」の仕組みを導入してこそ、都市と農村は「持続可能な相互依存」の関係を実現できるのである。」（二〇五—二〇六頁）

付録　ニーチェのニヒリズムと日本の『無常観』の比較

――「中空」「汎神的『気』」（併せて「日本人の相対化傾向」）の例証――

第1章　なぜこの二つを比較するのか

ニーチェを持ってきたのは、主として欧米人に向けて説得するためには欧米の文化と比較したほうがよい、という理由からである。

但し、ニーチェの思想は、第一部の第3章で述べた「絶対的絶対」ではなく、「相対的絶対」である、という点に注意して欲しい。そして、もちろん「日本の仏教受容に於ける無常観」も「相対的絶対」である。

絶対的絶対はそれが何であれ、社会思想としては排除される（例えば暴力に訴えてそれを実現しようとすれば犯罪として処罰される）。

従って、「絶対的絶対」を比較に齎しても無意味であるから「相対的絶対同士を比較する」のであるが、その比較の中に「日本人の相対化傾向」が表われてくる。

更に、次の点もニーチェが比較に恰好な材料である理由である。

ニーチェ哲学は、その後に現われたヒトラーのナチズムと、「ドイツ人の民族の深層心理」のレヴェルに於いては通底するものがある。ヒトラーのナチズムはもちろん「絶対的絶対」である。「ニーチェはヒトラーの成功に原因を与えたのでニーチェにその責任の一端があるとすべきなのか否か」について論争があるが、これは「思想内容の共通性」と「ドイツ人の深層心理に於いて通底するものがあるか否か」を十分区別して論じられる必要がある。私は前者については「ノー」だが、後者については「イエス」である。

しかし、「通底するだけでなく、ドイツ人の深層心理を介してニーチェ哲学がヒトラーの成功に間接に影響を与えたか否か」ということになると、肯定・否定のどちらの方向についても立証は難しいと思われる。ただ、大事なことは「影響があったとしても不思議ではないほど心理的に通底している」ことである。何を通じてかというと「力・権力」である。

戦前・戦中の「日本型ファシズム」では「権威」がキーである。「権威」は「力を問題にしない」ことに本質がある。「天皇陛下が軍部に実際にどれだけ強制力のある命令を出す権力を持っていたのか」などと問われるようでは権威は既に失墜している。こういう問いは当時の日本人はしなかったと思われる。それどころか、天皇が具体的命令など出しているとはイメージされず、天皇の権威の源泉は「天皇であるということ」以外にはなかったはずである。

ところが「無名のヒトラーが頭角を現わす」ためには権力イメージを演説で強調する必要があった。その後権力が確立してゆく過程で「権力が高じて権威をも具有するに至った」とは言えても「ドイツ型ファシズム」の本質は「力・権力」であると思う。

このような「力・権力の礼賛」はドイツ人に限ったことではなく、欧米人に共通であり（そして特にアメリカ人は「力・権力」を好むだけでなく、権威を嫌う）、日本人にはその逆に「権力の嫌悪」（そして権威への親近感）が見られる。

従って、ニーチェ哲学（相対的絶対）もナチズムに利用されてその「絶対的絶対」化に資する潜在的危険を有する、という点からも、そのような危険が感じられない日本の仏教的無常観の「相対的絶対性」との対比の価値があると思う。

但し、ここでひとこと断っておきたいが、そのような「潜在的危険」があるとしてもそれはニーチェのせいではなく、あくまでヒトラーのせいであり、ひいては、そのような危険性を有するドイツ民族の深層心理の傾向のせいである。そして私は、権力＝「切断」原理、権威＝「包容」原理、という仮説を立てているので、前述の潜在的危険性はドイツ人が有する「切断的」民族深層心理に由来すると思っている。

因みに、後述のように、ドイツの精神分析学者、エーリッヒ・フロム（一九〇〇～一九八〇年。以下「フロム」）は「ルター・カルヴィンの新教は『自己の外部の絶対的権威（キリスト教の神）への全面的服従』を説く点で、のちのヒトラーの出現と心理的に関連がある」という趣旨の主張を有している。

これも、神の全能＝力、と見れば、「力や権力を中心に旋回することにより、相対的絶対が絶対的絶対に転化する危険を語っている」という解釈も可能であると思う。

そう考えると、ニーチェの言説はキリスト教の神を否定しているが、その代わりに「能動的ニヒリズム」（詳細は第2章参照）という、いわば「自己神」を立てていると見れば、方向が逆でも欧米人の「切断的」民族深層心理に訴えかける要素を持っている点で両者には社会心理学的には共通の要素があある、と言えると思う。

そのほかに、「ニヒリズムと仏教的無常観が似ている（本当はそうでは必ずしもないが）から比較の興味を誘う」、とも言える。

但し、このような例証がなされたとしても、「日本人の相対化傾向」に基づく「東洋文明への橋渡し・触媒機能」の発揮に適した日本人の精神構造を維持する上に必須である「よき日本語の保存と日本文化の独立性の維持」（第一部第3章第9節参照）、という問題は残っているという点に注意が必要である。

第2章　ニーチェのニヒリズムを突き抜けたところにあるもの

まず、ニーチェの場合、主張内容もさることながら、主張の動機によってその主張の本質が見えてくるという面が強い。

ひとくちで敢えて言えばそれは「強さに拘る」哲学である。こんなことを哲学として考えたのはニーチェだけだし、強さへの拘りが魅力であるとともに危険でもある。

例えば、民主主義を「人間の水平化運動として人間を弱化させる」、と彼は嘲笑すらしている（優れた者と優れていない者をはっきりさせられないようでは人間は強くなれない、と）。

なぜ強さに拘るかと言えば、「ヨーロッパの宗教・哲学がすべて人間の本能を弱化させるように機能してきた（あるいは「弱さを称揚する結果になっている」）にもかかわらずヨーロッパ人はこの倒錯的事態に気が付いていない」というニーチェの「驚愕」にその理由がある。

キリスト教の説く隣人愛も同情という弱者の奴隷道徳であり、カントの哲学等も理性に基づく言動などの道徳を説くことで本能を弱化させるものであるとし、芸術（例えばアイスキュロスの悲劇）のみが人間を強くして人間の潜在的可能性を大きく開く、というわけである。

芸術の場合も古代ギリシアの三大悲劇作家の一人であるアイスキュロスの悲劇のように「強さに由来するペシミズムの芸術」なら救済力があるが、「弱さに由来するロマン的ペシミズムの芸術」（ワーグナーの楽劇のような）には救済力がない、とした。ニーチェはペシミズムとニヒリズムという言葉を厳密に区別しないで使っているからニヒリズムと言い換えてもよい（例えば強さに由来するペシミズムを「能動的ニヒリズム」、弱さに由来するペシミズムを「受動的ニヒリズム」とも呼んでいる）。

この全く心理学的に異なる二つのニヒリズムを区別したことはニーチェの功績の最も大きなものの一つであると思うし、ニーチェ哲学の屋台骨を形成してゆくものである。これについて明確に言及している本に（旧制四高ドイツ語教諭からニーチェ・キルケゴール等の研究家になった）故秋山英夫（一九一一～一九九一年）の『思想するニーチェ』[26]があり、該当部分を引用する。


「自己嫌悪にかられて現世からの離脱を願うキリスト教的・ロマン的ペシミズム、神経的消耗を麻酔剤でいたずらに興奮させようとするデカダンスのペシミズムは、要するに客体的には生の現実を全体として見る用意を欠いているのであり、主体的にはヴァイタリティの衰えそのもののサインにすぎない。そういうペシミズムは、生の貧困に悩む出来損いの人種の産物であり、憎悪や欠乏や飢餓というマイナスを原動力とする。すべては生命力の低下の現象なのである。

しかし「ペシミズムといえば、これはかならず下降の徴候ときまっているだろうか？　ペシミズムはいやでも頽廃と出来損いのしるし、疲れはてて弱体化した本能のしるしときめてかからねばならぬであろうか？　強さのペシミズムというものがあるのではなかろうか？　過剰そのものに悩むということが、ひょっとしたらあるのではなかろうか？」（『誕生』「自己批評の試み」第一節）

欠乏から生まれるロマン的ペシミズムに対して、ニーチェは充実と過剰から生まれる古典的ペシミズム、強さのペシミズムがあると考える。前者が下降する生の徴候だとすれば、後者は上昇する生の目印しである。このディオニュソス的ペシミズムこそ、「私から切り離しえないもの、私の特質かつ本来的自己として、私に固有のものだ」と、『たのしい知識』三七〇番は断言する。」（九二―九三頁）

そして、このような「強い精神に由来するニヒリズム」の先に何があるかというと、「力への意志」（Wille zur Macht）である。この名の著作はニーチェの死後にその遺稿を整理して出版された。「力への意志」がどういうものであるかにはついては種々の解釈があるが、以下では同名の書籍（眞田［さなだ］収一郎『力への意志――ニーチェ肉体論』[27]）に拠る。

この本は力への意志についてニーチェの特徴を見事に描き出したものとして有難い本である（著者は慶應大学［哲学専攻］卒、主に九州大学・日本大学で教鞭をとり。現在はニーチェを中心とした翻訳業に従事）。この本を参考にしながらニーチェ哲学を素描してみる。

ニーチェはよく「肉体は『理性』を持っている」と言うが、その意味は通常の理性の意味とはだいぶ違う。なぜならば、理性とは意識に対応するものと一般に受け取られているがニーチェは意識をあまり重視していないからである。「智恵」とでも言ったほうがわかりやすいかもしれない。「意識・無意識を全体として統括している肉体には人間の可能性を限りなく引き上げてゆく（その行く先はついに「超人」に至る）方向に人間を導く智恵が潜んでいる」、というような意味である。

ニーチェが「意識と無意識を包括する全体としてこころを捉えた」点にはニーチェよりあとに現われたフロイトやユングの無意識の心理学の先取りのような天才性を感ずる。

従って、「意識だけに立脚して理性を説いたカント哲学は人間のこころのほんの上っ面だけに立脚した極めて脆弱な哲学」という見方になる。カント哲学を継承した面があるニーチェだが、結局は、道徳を説いて弱者の奴隷道徳をまことしやかな哲学に仕立てた、という批判と並んで、情動を軽視しているという点からもカント哲学を批判していることになる。

というよりも、ニーチェに於いてはこの二つの批判は表裏一体である。「精神（ニーチェの場合ほとんど「意識」と言うのと同じ意味に使われている）ではなく肉体に理性が宿っている」と繰り返しニーチェが主張しているのは「力への意志」の基盤は肉体を通じてむしろ無意識（諸衝動を含む）のほうだということである。

例えば衝動を否定するようでは「弱者の道徳」になってしまうことを意味する。しかし、注意すべきは、「衝動に支配されてしまうとこれまた弱者の道徳になってしまう」という主張の面も含んでいることである。

即ち「力の中心」（司令部）としてこれらの諸々のこころの動き（「自分の心の中の共同体」と捉えている）を統合してよりよい方向（力の増大方向）に導く働きを重視している。

そしてここに言う（肉体の）「理性」とは力の増大に導く「智恵」のようなものである。そういうものが肉体（いわゆる肉体と精神を総合したもの）に宿っているというのである。

では以上から、本書のテーマとの関係で何が言えるか。まず気づくことは「キリスト教の絶対神を追い出すためになんと過激なことがニーチェにとって必要であったか」である。

欧米人には「中空」というものがないので、欧米人のこころの構造は日本人の中空のような柔軟性をもともと持っていないことがよくわかる（キリスト教徒でなくてもギリシア的理性など、何らかの強固なものがありがちである）。

「能動的ニヒリズム」とはキリスト教の絶対神に代替する新たな偶像であるようにすら感じられる。ただ、もしこれに成功すれば「人間の可能性を未来に向かって大きく開く素晴らしい哲学」である。

ルネッサンスもこういう面を持っていたけれど不徹底で、むしろほぼ同じ時期のルター・カルヴィンの宗教改革によって却って反動形成されてしまったが、ニーチェがやっと本格的に人間解放した、と全体を評価できるのではないかと思う。

しかし、問題は「能動的ニヒリズム」はあまりにも難しくて（無理すぎて）誰にも実現できそうにない、という点である（ニーチェ自身ですらあまり実現できていない）。

これは「救済思想」（それもニーチェの場合、最も過激な救済思想）をそのまま「社会思想」にしようとすることの無理、という、私が既に説明したことに関わってくる。「社会思想」として機能するためには「努力すれば一般人にも実現可能」なことでなければならない。

だが繰り返して言うが、たとえ実現がどんなに困難であるとしても「救済思想としての」ニーチェ哲学の価値は前述のように偉大である。

本節の文脈から論じるニーチェ論は以上であるが、本書をはみ出す部分がかなりあるので（機会があれば）将来の別著にしたいと思っているが、本書全体の論旨の先にニーチェ哲学は実は極めて重要な道を開いていることに、ここで触れておきたい。

つまり、「社会思想としてもニーチェ哲学は（一部修正が必要だが）価値を持っている」のである。

前述の「西洋文明の成果を取り込みつつ東洋文明が全体を総合する」との「文明交代論」に於いて

は当然「現代の欧米流の文明が物質に傾き過ぎているので、東洋文明の持つ精神性によって全体のバランスを健全化させたい」という考慮と期待がある。

このことを前述の「華厳思想の社会思想化」に於いて比喩的に説明した「1と2」に引き直すと、「1と2に物質と精神を代入したい」ということになる。

そのときにニーチェ哲学が重要な役割を果たすのである。

先のニーチェ論では言及しなかったが、ニーチェ哲学の最終的到達点は私は「能動的ニヒリズム」というだけではないと思う。その延長には「これまで人類は宗教・哲学によって救済されてきたが、将来は芸術によって救済されるべきである」という主張まで含んでいると思う。

このことを想起させる引用を二つしておく。

眞田前掲書の最後に「理性が宿る肉体論」の締め括りの形で芸術との関係に触れられている、次の記述がある。[27]

「「きみたちの肉体は高められ、復活したのだ。その肉体はおのれの飲科で精神を酔わせ、そのため精神は創造者となり、評価者となり、愛をそそぐ者となり、万物の恩恵者となる。」（『ツァラトゥストラはこう語った』）

贈与する有徳者の「新しい徳は、力であり、支配する思想」である。生きることの歓喜と「陶酔」の能力の持主は、同時に混沌（カオス）を克服してそれに形式を付与する能力の持主である。そのような力の所有者は芸術家であろう。芸術家こそ「力への意志」の姿であり、「超人」の象徴であろう。」（一四九頁）

また、『ニーチェ物語』[28]に次の文章がある。

「……芸術は、生を可能ならしめる偉大な形成者であり、生への偉大な誘惑者であり、生の偉大な刺激剤である。芸術は、生の否定への全ての意志に対する、比較にならぬほど卓抜な対抗力にほかならない。それは卓れて反キリスト教的な、反仏教的な、反ニヒリズム的なものにほかならぬ。……

これは、芸術が総じて人間の救済にかかわることを主張し、宗教を否定したニーチェが人類に新たに、宗教に代わるものとして、芸術を与えようとする予言なのである。」（二二四頁）

確かに、宗教・哲学では救済されなかったが優れた芸術に出合って自殺を思い留まった例などは歴史上無数にあるに違いない。しかしそれにもかかわらず、我々の通常の感覚では「人間の救済」という話になると宗教・哲学まではイメージされても芸術まではイメージされない。芸術を「救済」の次元にまで高めたことはニーチェの偉大な功績の一つである。

但し、「救済思想」としてのニーチェ哲学の立場からは「アイスキュロスの悲劇のような、能動的ニヒリズムの芸術のみが救済力を持つ」という主張になる。これは「強さに拘るニーチェ哲学」としては当然の論理的帰結であり、「強さに拘らないニーチェ哲学など味もそっけもない」とさえ言える。

しかし、「現代の欧米流の物質文明偏重から東洋的精神性のほうにバランスを回復する『社会思想』として、ニーチェのこの思想を戦略的に活用したい」という私の立場からは「受動的ニヒリズムの芸術」も排除しない。そのほうが一般の人々に広く救済力を及ぼしうる。例えば芭蕉の俳句などは「救済思想」としてのニーチェ哲学では救済力がないのかもしれないが、社会思想の見地からは救済力がある、としたい。

そこには後述するような「日本的芸術の特質」という問題も関連してくる（いずれにせよ別著にしたい）。

そして、芸術及びその鑑賞が盛んになれば、そちらに人間のエネルギーがとられて、その結果、物質偏重傾向も次第に衰えてゆく、という関係にもなる。そのことは、第二部で展開された、「定常経済論」の基礎にある「ほどほどの消費」などにも通じてくる。また、その逆も言え、物質的欲望をほどほどに抑えれば、精神的エネルギーと精神的活動に費やす時間が生まれ、芸術等の精神面に向き合える。

かく言うことはニーチェ哲学を矮小化することではない。「思想の次元が異なる」と言うべきである。

第3章　日本に於ける仏教的無常観を突き抜けたところにあるもの

次に、以上と対比した場合の「日本に於ける無常観とそれを突き抜けたところにあるもの」に移ることにする。

まず日本に於ける仏教の受容の前に「仏教の無常観」は何のためのものか、である。「悟りに至るため」である。「苦」の源泉は「諸々の執着」であり、「本来森羅万象は移ろいゆくものであるにもかかわらず執着するから苦が生ずる。そのことを自覚してあらゆる執着を断てば悟りに至る」、というのが原始仏教の考えである。

このような仏教の哲学的側面は仏教が日本に伝えられてからある程度の期間が経った頃には理解されていたであろう。例えば奈良仏教や少なくとも最澄や空海の段階では。その前の聖徳太子の理解はそこまで及んでいたと考えられるが、太子だけに留まって一般化はしていなかったのではないか。

ただ、今ここでのテーマは「日本人一般の橋渡し・触媒機能」だから、仏教的無常観が一般に（例えば平安時代であれば貴族などに）どう受容されてそこを突き抜けて何が出てきたかを探らなければならない。

この点で非常に参考になるのが竹内整一（東京大学文学部名誉教授、鎌倉女子大学教授。以下「竹内」）の『ありてなければ[29]』（以下〈ありてなければ〉）である。

この本には「『無常』の日本精神史」という副題がついており、多くの和歌その他の芸術面からも無常観の展開が具体的に述べられている。

それらを全体的に私なりに理解して私の文脈にあてはめると、「日本に於いては無常観は哲学的というより芸術的に受け止められてきた。即ち、日本的に変容された無常観は、源氏物語に見られる無常観を皮切りに中世の幽玄・艶や芭蕉のわび・さびなど、様々なニュアンスの芸術に結晶して豊かな精神世界を形成してきた面がある」と評される。

このことは当然「日本的芸術の特質」に反映されてくることであり、その中の一つの大きな潮流は「原始仏教の無常観の厳しさを日本的自然と不可分一体のものとして芸術的美意識の形の中に『柔化』する」というものである。無常観を「柔化」すれば、本章冒頭で説明した「原始仏教に於ける無常観の機能」（執着を去らしめる）は弱まるが、日本的芸術は豊かになった。

以下で多くの引用がなされる前にここで断わっておくが、「はじめに」でも引用についての一般論として述べたが、〈ありてなければ〉に関する右の私の解釈はあくまで「私が展開してきた論旨の文脈に即した場合」という限定付きであり、〈ありてなければ〉にはそれぞれの部分についてそれぞれの文脈と主張が私の文脈とは別に存在していることを忘れないようにして欲しい。

さて、以上の私の見方に対して一見異論とも見えるのが故唐木順三（一九〇四～一九八〇年。以下「唐木」）の『無常』[30]（以下〈無常〉）である。

唐木順三は小林秀雄（一九〇二～一九八三年）と並ぶ極めて優れた文芸批評家であると私は思っており、この本には日本の古典についての実に深い考察が随所に述べられている。

この本の全体の論旨は「王朝女流文学（平安時代）では無常観は情緒的に受け止められてきたが、『今昔物語集』以降になって武士の精神が入り込んでくると次第に哲学的に受け止められるようになった」とするもので、後者の最たるものが道元の「正法眼蔵」とされている。

しかし、無常観が徹底したのは結局のところ道元と兼好法師（『徒然草』）の二人だけと言ってもよい、という趣旨も書かれている。即ち、他の日本人達はこの点でなにがしか不徹底であり、特に無常を嘆く詠嘆に於いてはときとしてそれに酔うような、つまり仏教哲学の立場からは「無常についての詠嘆に執着するという新たな煩悩」と見られ（その例の一つとして鴨長明の『方丈記』の冒頭が引用されている）、殊に芸術家（歌人等）でも宗教家（僧侶）でもあったような人々の中にはこの矛盾に悩んだ人が結構いたであろうことがこの書から伺われる（例えば一遍上人）。

そして、その後の世阿弥の幽玄・艶や芭蕉のわび・さびも無常観と深いところでつながっているとされている。

「『方丈記』の冒頭の「ゆく河の流れは絶えずして、しかももとの水にあらず。淀みに浮ぶうたかたは、かつ消え、かつ結びて、久しくとどまりたる例（ためし）なし」（現代語訳〔松田〕：流れゆく川の水は絶えることがなく、かつ、同じ水が流れているわけではない。淀みに浮かんでいる泡は一方で消え、一方で新たに生まれて、同じ状態でいるということがない）は有名すぎるほど有名だが、長明はそれにすぐつづけて、「世の中にある、人と栖（すみか）と、またかくの如し」（現代語訳〔松田〕：世の中の人とその住まいもこれと同じく変転極まりないものである）といっているだけである。「朝に死に、夕に生るるならひ、ただ、水の泡にぞ似たりける。不レ知、生れ死ぬる人、何方より来りて、何方へか去る。」（現代語訳〔松田〕：朝死んでゆく人があれば、その日の夕方に生まれる人もある。それは水の泡のようである。生まれたり死んだりする人が、どこから来てどこに行くのか、私にはわからない）ただそういっているだけである。特別に、浄土を求めたり、念仏にすがったりはしていない。そういうところにいて、「閑居の気味」を味わっている。長明も無常を語ることにおいて美文調、雄弁調だが、それがそうなっているのは、無常をむしろ享受し、無常を楽しんでいるのではないかと思われる節がある。彼はいわば方丈における美的生活者、ダンディであった。無常なるものを無常なるものとして捨てたが、捨てえない最後のものとしておのが「数

奇」が残り、その数奇事において堪能した。[30]」（一八四頁）

要するに〈無常〉の論旨も子細に検討すると竹内に関する私の解釈と同一になり、「日本人の場合仏教の無常観の哲学的側面は徹底せず、むしろ和歌、能、俳句のような芸術に深い影響を与えてきた」、と解釈されるのである。

しかし、日本に於けるこのような哲学的側面の不徹底性こそが「日本人の相対化傾向」を示しているものとして積極的に評価されるべきであるというのが私の主張である。

なぜならば、もし仏教哲理に徹底したらそれは一種の絶対的世界（悟りの世界）であり、相対に留まることはできなくなるからである。無常に対する詠嘆の「諸刃の剣」がともすると芸術のほうになびいてゆくことが「絶対の世界を金科玉条としない」ように引き留めておく機能を果たしのではないか。

因みに、かく言うことが道元のような高峰の価値を貶めることにはならないことは当然である。日本人の前記のような不徹底性ゆえに道元は逆説的に輝く面すらあるかもしれない。

しかし、日本人全体として見た場合、その不徹底性が「日本人の相対化傾向」として日本人の魂に生き残ってきており、現代に於いて「東洋文明への橋渡し・触媒機能」になるのではないかと思う。

では〈ありてなければ〉から、更に検討を続けたい。

まず、無常観への反応とその向かう先について、三タイプあると分析されている。

「そこで、以下、「はかなさ」の向こう側のあり方を、大まかな見取り図として、次の三つのタイプに分けて考えてみたいと思います。

①「夢の外へ」この世は夢、だが夢ならぬ外の世界があるので、そこへと目覚めていく。

②「夢の内へ」この世は夢、ならば、さらにその内へと、いわば夢中にのめり込んでいく。

③「夢と現のあわいへ」この世は夢か現か、その「ありてなき」がごとき生をそれとして生きようとする。

①、②、③は、いうなれば、それぞれのかたちでの「超越」のあり方です。

「超」も「越」も「こえる」ことですから、「ありてなければ」という、この夢のように「はかない」現実を、何らかの仕方でこえることを意味しています。

こえたその先が「向こう側」なのですが、ただ、その際の向こう側とは、必ずしも、彼岸、あちら側の世界を意味するものではありません。何らかの仕方で、今あることの不確実さ、ないし不十全さがこえられているとすれば、そのとき、その時空が、そのまま向こう側であるということにして使うことにします。その意味では、「内在」への「超越」ということも十分考えられま

す。[29]」（三四―三五頁）

これはどれも仏陀の説いた原始仏教とは異なると思う。①のタイプの中には親鸞等も出てくるが、そもそも他力思想である浄土系の仏教は自力思想である原始仏教とは異なり、構造的にはむしろキリスト教に近い。

日本はアジアの仏教の中で浄土系が最も発展した国である、という趣旨が、前述の鈴木大拙の『日本的霊性　完全版[21]』という本に書かれている。このことに「汎神的『気』」の働きを私は感ずる。「自力に向かって激しい修行を積まなければならない機縁になるはずの原始仏教の無常観の厳しさ」を「阿弥陀仏」「阿弥陀信仰」というマイルドなものに転換している「柔化」と「汎神的『気』」に連関があるからである。

但し、同書では「霊性がなければ宗教にならない」とされており、「汎神的『気』」だけで親鸞の思想が形成されるなどと私も決して思っているわけではない。しかし、そのベースとしての精神的基盤を用意する上では「汎神的『気』」がなにがしかの機能を持っていたのではないかと思う。

というのは、フロムが批判した「新教の神、という『外部の絶対的権威への全面的服従』」に阿弥陀仏・阿弥陀信仰がならなかったことに「汎神的『気』」が内的関連を持っていると思われるからである。

ここで誤解のないように断っておきたいが、「柔化」された仏教がだめな仏教になったということには全くならない、ということである。確かに原始仏教は厳しい面を持っている。しかし、厳しさだけが救済を齎すのでは必ずしもない。

このことの理解のために、阿弥陀仏はキリスト教の神のような絶対神的存在ではない、ということを含む論稿を比思学会で発表したことがあり、その一部を引用する。但し、ここに出てくるフロムの言説を引用すると長くなるのでごくさわりだけにする。

「仏教は無明《むみょう》からの脱却（「無明脱却」）を説き、キリスト教は愛を説く。愛は神の人への愛（「神の愛」）と人の人への愛（「隣人愛」）とを包括したものである。一方で「無明脱却」の有力な手段として、他方で「隣人愛」の発動形態の典型として、共苦（「同情」）にあたるドイツ語のミットライトをこう訳してみた：松田）を位置づければ、両宗教協働への展望が開ける。即ち、共苦により生ずる智慧の作用を通じて「無明脱却」に至り（一括して「仏性《ぶっしょう》発揚」）、その後「隣人愛」の召《しょう》命《めい》請願・召命受容・他者救済（一括して「召命・救済」）が実現する、そして「仏性発揚」から「召命・救済」への移行が共苦という連結点により円滑になされる、ということを「提言」の内容とする……。（中略）

「提言」に関して検討を要する諸点について

……第四に、「仏性発揚」から「召命・救済」への移行がなされうるとしていることについて次のような二つの密接に関連する疑問がありうる。ひとつは、仏性は自己内在的であるがキリスト教の神は外在的超越者である（「内・外」）という視点が両宗教の違いとして説かれることがあり、この違いを強調すれば仏性と神はどちらかだけに意義があり、互いに相容れないものの間の移行は否定されるべきではないか、という疑問である。これは後述するように主にキリスト教の側で超越者をどう見るかによって決まる問題であるという点で次の疑問と関連がある。即ち、もうひとつは、キリスト教の原点は理性（後述のように仏性に近いものと解する）を否定して己の罪深さと無力さを超越者である神の前に投げ出すことで信仰に至ることができるとしてきたのではないか、そのときにこそ最も召命を受けやすいのではないか、という疑問である。

第四点の二つの疑問に答えるに際してはエーリッヒ・フロムの「権威主義的宗教と人道主義的宗教」という考え方が参考になる。以下にフロムの見解を要約する。

両者の判定は「自己愛」・「生産性」による。「自己愛」は、自己を愛せない者は他者をも愛することができないことを意味し、自己への愛と他者への愛が一体となった概念である。

……

「自己愛」の要素として格別重要な点は「自己の理性の尊重」である。

「自己愛」は「生産性」形成に不可欠である。「生産性」は自己にそなわった可能性を実現する能力のことであり、そのためには人は自らを統制する力に頼らず自由でなければならず、理性によって導かれなければならない。

権威主義的宗教は自己の外部の絶対的権威への全面的服従を要求し、「生産性」育成の決定的障害となり、その典型例はカルヴィン・ルターの新教である。……これに対して人道主義的宗教は「生産性」形成に寄与し、典型例はイエス、仏陀の説くところである。イエスについては、聖書に「己れを愛するがごとく、汝の隣人を愛せよ」（マタイによる福音書二二章三九節）とあるのは他者への愛と一体となった「自己愛」を説いているものである。また、「神の国は汝らのうちにあり」というイエスの教えは、非権威主義的思考の簡単明瞭な表現である。仏教は超越者を立てず、人道主義的宗教である。（中略）

「悲しい」は古来自己についてだけでなく他者に対する「あわれだ」という意味でも使われてきた。歎異抄四条の「かなしみ」のあり方には、他者を救いたくても達成できないとの趣旨が厳しく論じられているが、それでも救いたいとの一念で阿弥陀仏を信じ念仏を唱えればいずれみずからが仏となりうるのだから、その慈悲は届く、という趣旨も書かれている。

歎異抄四条のこの解釈は「提言」と一点に於いて異なるように見える。「提言」では「無明脱却」が前提であるが親鸞思想に於いてはその前提がないからである。しかし、親鸞思想に於ける阿弥陀仏は全面的服従を要求する外部の絶対的権威ではないので、阿弥陀信仰はフロムのいう人

道主義的宗教であると思われる。[31]」（一九三―一九六頁）

この論稿は、諸宗教・諸思想の間には一見仮に違いがあっても、深いところでの一致点や協働可能点があるはずである、という方向を探ることにより宗教対立・思想対立を融和したい、という比思学会の趣旨に応えるべく発表したものである。

ただ、本書のテーマとの関係ではもう少し踏み込んだ説明が必要となる。

そもそもフロムの「権威主義的宗教（それはハイル・ヒトラーと言うのに通じるものがある、とも言いうる）は否定されるべきだが、人道主義的宗教は肯定されるべきである」、という主張はそれ自身既に「相対化によって宗教的対立を融和するという宗教社会学的機能を持った発言である」と言える（なぜならば、それは人間の理性や良心というものと神を両立させようという試みだからである）。

しかし私は更にその文脈の中で、浄土系仏教はキリスト教と構造が似ているとされてきていることについて、神を絶対視して人間がそれに全面的に服従する点を強調する傾向があるキリスト教の新教との違いの面を出してみようと、阿弥陀信仰は権威主義的宗教ではない、と言ったのである。

ただ、本書のテーマとの関連で言えば、「フロムはイエスの説く神も仏陀の原始仏教も権威主義的ではなく人道主義的であると言っており、そうであるならばそれだけで相対化は達成されているはずであり、その上さらに『日本の無常観が不徹底で芸術にむしろよい影響を残したことに日本人の相対化傾向を見る』と言う必要はないのではないか」という疑問がありうると思う。

確かにその通りである。仮に日本の過去の文化的教養人達が原始仏教に忠実で皆が悟りを開いたと仮定しても、それによって宗教対立が、例えばキリスト教が入ってきたときに、起きたとは思えない。

しかし、「文化的教養人といえども悟りなど開けなかった平均的日本人の精神構造」の中に、原始仏教の理想を厳格に達成できなかったという点で、「もっと広範で有用な『日本人の相対化傾向』」を私は見ているのである。それは日本人特有の、「仏教の受容の仕方の一種」であると思う。

以上、日本文化の中で比較的重要な位置を占めている浄土系に 関連して少し詳しく説明をした。

では〈ありてなければ〉に戻って、それぞれのパターンの具体例を見てゆく。

①の「夢の外へ」は必ずしも彼岸ではないとあるが、彼岸が典型であることにはかわりがないので一向宗の蓮如に関する部分を引用する。

「蓮如の教化・布教の核となったのが、平易な日常語で説かれた「御文《おふみ》」ですが、なかでもとりわけ、「白骨《はっこつ》の御文」と呼ばれる、次のものが有名です。

それ、人間の浮生《ふしょう》なる相をつらつら観ずるに、おほよそはかなきものは、この世の始中終《しちゅうじゅ》、まぼろしのごとくなる一期なり。……朝《あした》には紅顔ありて夕べには白骨となれる身なり。……されば、人間のはかなき事は、老少不定《ふじょう》のさかひなれば、たれの人もはやく後生《ごしょう》の一大事を心にかけて、阿弥陀仏をふかくたのみまいらせて、念仏まうすべきものなり。

蓮如もまた、「この世の始中終〈少年・壮年・老年の一生〉、まぼろし」、人の世の「はかなさ」を前面に押しだすことで「はやく後生の一大事を心にかけ」よ、と説いています。「はかなさ」を感じとる感性は、「はか—ある」という自力の無効性としての他力感情につながります。こうした蓮如の思想もまた、「いろは歌」や『往生要集』、『一言芳談』など、これまで見てきたものと力点のおき方に多少の異同はあるにしても、基本的な思想構造は同じです。[29]」（七九—八〇頁）

ここを読むと「無常観が他力の思想の源泉である一面がある」ことがわかる。これも先に述べた、アジアの仏教の中で日本は浄土系が最も発展した国であり、そのことに日本の「汎神的『気』」が原始仏教の無常観の厳しさを『柔化』することによって寄与した、ということの一つの表われと思う。そして、〈ありてなければ〉には「無常のこの世を超え出たいとして彼岸に向かいたくてもこの世を捨てがたく、彼岸をも此岸をも、というような「夢の両義性」（「夢の内」の方向と通じるものがある）を示している例も挙げられている。

「夢と知りつつ、なおその夢を捨てることができないということですが、和泉式部の歌にもどれば、「いかでかはこの世のことを思ひすつべき」という彼女の言葉には、もうすこし強い調子がこめられています。

つまり、それはけっしてたんに「夢の外へ」とこえ出ようとしてそれが果たせないといった消極的な慨嘆ではなく、そこにはむしろ、この世の中（男と女の仲）を生きることを背負いこもうとする、いってしまえば「夢の内へ」の覚悟のようなものがあります。

そこではむろん、「夢」はたんたる「はかなさ」の譬えではなく、それ自体に、ある種の超越性や切迫したリアリティをもつものという夢の意義も付加されてきています。

うたた寝に恋しき人を見てしより夢てふものは頼みそめてき（小野小町『古今和歌集』）

あふことのただひたぶるの夢ならばおなじ枕に又もねなまし（静円《せいえん》『後拾遺《ごしゅうい》和歌集』）

――うたた寝で恋しいあの人を見てしまってからというもの、夢というものを頼りにしはじめるようになった。この夢は、すでにたんなる「はかない」ものでなく、頼みにもなるべき夢である。

――会ったのがただ一途《いちず》に見た夢の中であったとするなら、もう一度その同じ枕で、同じ夢を見たいものだ。

その夢は覚めたい夢ではなく、むしろ、いつまでも見続けていたい、もう一度見たいと強く願うような夢のことです。

うたた寝にはかなく覚めし夢をだにこの世にまたは見でややみなん（相模《さがみ》『千載《せんざい》和歌集』）
――うたた寝するうちに見たはかない夢ですら、この世では再び見ることもなく終わってしまうのだろうか。

夢は「はかなく覚めし夢」である一方、他方で、もう一度見たいとも期待される、現実にはかなわない「もうひとつの現実性」をもった不思議な出来事としても求められています。夢は、こうした両義性をもつものとして受けとめられ、生きられていたということです[29]。」（八四―八六頁）

同書から、②「夢の内へ」の例として「葉隠」と谷崎潤一郎の『春琴抄[32]』を挙げておく。

「「恋しなん後の煙にそれとしれつひにもらさぬ中のおもひは」……恋い焦がれて死んでいったそのあとの、自分を焼く煙が立ちのぼるのを見て、どうか知って下さい、ついに漏らすことのなかったあなたへの思いを、と。言わない、漏らさないことによって「無二無三」に、ある深いもの、高いものへと仕立てあげ、維持していこうとする意思です。

「逢ふ」というのは、現実に、その人に「好きだ」と告白して、そのあと具体的な人間関係をもつことであるが、それは、『閑吟集』で何度も嘆かれていたのと同じように、『葉隠』でも、必ず漏れ、曇っていってしまうものだと知悉《ちしつ》されています。常朝の言い方でいえば、「二つになる」

ということです。告げれば関係は現実に始まるが、それは同時に、確実に終わりへの始まりでもあります。けっして漏らさず、自分のなかで死ぬまで保ち続けていけば、それは絶対に曇らない、恋い焦がれたままの「たけ」高い恋として守られるという考え方です。

『閑吟集』の「籠がな籠がな」の、その「籠」なるものが――かなり限定された観念的なものになってはいますが――ある意味では実現しているといっていいように思います。

谷崎潤一郎（一八八六～一九六五）の『春琴抄《しゅんきんしょう》』（一九三三）という作品にも、同じような考え方を見いだすことができます。

――愛する春琴が熱湯をかけられる。そのことで、あるいは　醜くなってしまったかもしれない春琴を見てしまえば自分の恋が醒めてしまうかもしれないと思った佐助は、針で自分の両目を突く。視力をなくすことによってでも、その「恋のたけ」を維持しようとしたのである。

別に熱湯をかけられなくても、人は否応なく変わるし、醜くなっていくこともあるのですが、変わる現実をあえて拒否するということです。醒めていくのではなくて、むしろ「夢の内へ」とのめり込んでいくことで、今ある思いを操守するということです。そこにも、「忍恋」と同じような、かなり切ない手だてがあるように思います。

常朝は、そうした「忍恋」の考え方で、「主従の間など、此心にて澄《すむ》なり」と、あっさりと断じています。どうふるまえば「義」であり、どうふるまえば「忠」であるか、などといったような詮議なぞいらない、ただただひたすら恋い焦がれるように、主君に仕えていけばいいのだ、というわけです。(29)」(一五八―一六〇頁)

『春琴抄』のあらすじをひとこと説明しておくと、「九歳で失明した春琴という女性が音曲の師匠となったのちに弟子の恨みを買ったか顔に熱湯をかけられた。治療中の春琴に仕えていた佐助が前記のような行動に出る」、という話である。

葉隠と言い春琴抄と言い、「かなわぬ夢を一段と高めている」ところに妙味がある。

これらの紹介は、もちろん原始仏教の哲理からは大きく外れているが、このような「一種の美意識に収斂する」ということも「汎神的『気』による柔化」によって納得できるように思う。

因みに「死と無常観の関係」について「夢の内」の例として挙げられている「平家物語」の部分を引いておく。

「ところで、『平家物語』の終わり近い部分に、平家の大将・平知盛が、最期にこういう言葉を残して入水《じゅすい》自殺をする場面があります。

見るべき程《ほど》の事は見つ。いまは自害せん。

「見るべき程の事は見つ」と言い切った知盛は、このとき、何を見たかということが問題になります。倫理学者の相良亨（一九二一～二〇〇〇）は、この言葉を、「やるべきことはやった。これでおしまい！」という毅然とした「思い切り」の発言であり、それは此岸《しがん》ですべてを完結させようとする発想であるとの読みを提示しています（『武士の思想』）。

あちらの世界への眼差しではなく、あくまでもこちら側の世界をこちら側の世界として完結させる、いわばピリオドを打つ、ということです。

人間世界の此岸性を見極めた、見切ったということは、そこにすでに彼岸への志向がふくまれていると言う理解も十分あり得ますが、少なくとも、「見つ」と完了形で語られた「見るべきほどのこと」そのものの中身は、この世のあれこれの来し方と、その結末であったとはいえるだろうと思います。その掉尾《ちょうび》を飾ることに、ある種の充溢があったということです。

この場面の直前で知盛は、女房たちに戦況を問われて、「めづらしきあづま男をこそ御覧ぜられ候はんずらめ（めずらしい関東武者をご覧になられますでしょう）」と、「からからと笑」ってさえいます。[29]」（一七二―一七四頁）

ここでは「死」が無常観を通してこの世の生を完結させるものとして機能している。唐木の〈無常〉では「死を当然の前提にした無常観」が中世では支配的になってきて、源氏物語のように情緒的・芸術的無常観から宗教哲学的無常観に推移した、という論旨になっているが、先ほど述べたようにこれでもまだ仏教哲理の徹底とは言い難く（仏教は死に拘らないし、死に特殊な感情も抱かないと思う）、芸術の世界の話だと私は思っており、その点を日本文化のよい面の一つとして積極的に受け取りたい。

引き続き同書から、③「夢と現のあわいへ」の例として「茶道」を引いておく。

「近代日本の出発点で、東洋・日本の美を西欧に紹介しようとした岡倉天心（一八六二〜一九一二）は、こういう言い方をしています。

はかないことを夢に見て、美しい取りとめのないことをあれやこれやと考えようではないか。（『茶の本』）

あえてなされたこうした言い方には、あらためて、われわれの生きるこの人生の「はかなさ」を積極的に受けとめようとする決意をうかがうことができます。それは、次のような茶道の本質的な理解にもつながっています。

茶道の要義は「不完全なもの」を崇拝するにある。いわゆる人生というこの不可解なもののうちに、何か可能なものを成就しようとするやさしい企てである。

茶道の要義は、「不完全なもの」（あるいは、「不可解なもの」「不可能なもの」）を崇拝するところにあるというわけです。「はかなさ」とは、まずもって、そうした「不完全さ」を感得する感受性ですが、かといってそれは、「不完全さ」のままに停滞するということではありません。「「不完全なもの」を崇拝」しつつ、そのうちに何かしら「完全なもの」（あるいは、「可解なもの」「可能なもの」）が成就されるべく「やさしく」企てられているのが茶の道なのだということです。

そのことはさらに、―「真の美はただ「不完全」を心の中に完成する人によってのみ見いだされる」、「何物かを表わさずにおくところに、見る者はその考えを完成する機会を与えられる」、「「不完全崇拝」にささげられ、故意に何かを仕上げずにおいて、想像の働きにこれを完成させる」、等々と説明されています。

『茶の本』に一貫している、こうした考え方は、同時に、東洋・日本の美の要諦でもあるととらえられているが、いうまでもなくそれは、ひとり天心の発明ではなく、これまで見てきたような美学の、いわば近代的なまとめ方です。

「雨にむかひて月を恋ひ……」も「幽玄」、「やさし」も、また、「秘すれば花」も、「わび」、「さび」も、いずれも、いうなれば「不完全なもの」を崇拝しつつ、「人生というこの不可解なもののうちに、何か可能なものを成就しようとする」ところに発見された美ということができるだろうと思います。

「はかないことを夢に見て、美しい取りとめのないことをあれやこれやと考えようではないか」とは、そうした覚悟の表現です。[29]」（二〇二―二〇四頁）

ここに見られる「不完全さを崇拝する」とはまさに「日本人の相対化傾向」の極致の一例ではないかと思う。むろん、茶道は芸術の一つである。

以上から、「相対化傾向」を私はこれらの文化的教養人達に見ることができると思う。

ここで「明治以降、西洋流の近代的自我の流入に伴って文化人達には種々の新たな苦悩が出現してきた」という点に軽く触れておく。

概ねこれらの「自我の確立」は失敗に終わったか、あるいはそうでなくとも国民に広く浸透することがなかった、と言えると思う。

私見では「日本人の相対化傾向」と「西洋流の近代的自我」は相反するからである。一例を竹内の『自己超克の思想[33]』から引用しておく。維新後、「天の捉え方に変化が現われ出した」（植木枝盛あたりから）ことから筆が起こされている。

「『英将秘訣』に典型的に現われたこのような無限定・無根拠自己のあり方は、明治期にいたっても、福沢・植木・中江といった、西洋的な天賦人権論を展開した思想家のなかにもそれぞれ微妙なかたちで忍び込んでいたことは既にみてきた通りであるが、それはそれ以後の近代思想のなかにも、或いは肥大、或いは卑小〈もしくはその複合〉的自己として様々なかたちで隠顕している。とりわけ、明治も三、四十年代になり国家の対外的危機感が徐々に緩和され個人としての自己のあり方が反省されるようになってくると、それは再び顕わなかたちで登場してくるようになる。自然主義思想はその好例である。後に詳述することになるが、たとえば、その先駆である国木田独歩には、「大いなる自然」のすべてを「エンブレース」embrace〈抱懐〉しようとする極大自己と「大いなる自然」のほんの一点景にもなりえない極小自己が二つながらに共存していたし、田山花袋の場合には、「大いなる自然」の前に一方的に支配され翻弄され疎外された卑小自己が嘆ぜられている。また、岩野泡鳴の場合には、逆に、「自己の生命以外自然の外延はない」として自己の外に自己を律するような「大いなる自然」を否定して刹那盲動する肥大自己が語られていたのである。さらにここに後続の白樺派の思想も加えることができるがここではこれ以上ふれない。

いずれにしても、このような事態が、従来の〈「天」（「自然」）……自己〉関係の弛緩・後退を意味していることはもはや繰り返すまでもないだろう。ただしかし、同時に、その事態はその関係構造それ自体の消滅を意味するものでもないことも確認しておかねばなるまい。(33)」（三一頁）

最後のほうに書いてある「その関係構造それ自体の消滅を意味するものでもない」から説明したほうがわかりやすい（逆にそこからその前に遡る）。

ここで言う「関係構造」とは少しその前に出てくる「〈天（「自然」）―自己〉関係」を指し、自然の中に自己も居るというようなイメージである。

それが自己が自然と切り離されてきたという変化が植木枝盛あたりから見られ始めたけれど（自然との関係が切られた自己のことを引用の最初の部分で「無限定・無根拠自己」と呼んでいる）、変化しない面も残った、という論旨である。

「自然の中に居る自己」であれば「汎神的『気』」にも親和的であるが、西洋近代の自我の流入によって次第にこれを断ち切る動きが出てきたということである。

ではその「切断の究極の姿の一例」を、ショーペンハウアー・ニーチェなどの影響を受けた岩野泡鳴という思想家について見てみる。

「自然主義運動のなかで、「新自我」建設の営みを最もラディカルに推し進めたのは岩野泡鳴（一八七三～一九二〇）である。泡鳴は、前述したような花袋らの自己および自然認識を不徹底と批判し、みずから「徹底個人主義」・「極端な個人主義」と名づける立場を主張しその思想化に努めている。自己即宇宙という独自な認識論から「独存自我」の刹那盲動（「デカダン」）をよしとする実践論にいたるまで、あくまで今・ここの自己に一元化しようとしたかなり切ない（はずの）あがきを生涯展開し続けた文学者であり、――それは必ずしも確乎たる自己確立を意味するものではないが――自己追求の挫折が常の近代日本にあっては極めて特異な存在であったといってよい。」[33]（一八四頁）

より具体的には次のようになる。

「われわれが物を認識しうる世界は、主観が被いうる客観のみであり、しかもそれぞれの主観に染色された客観のみである、その制限外に出るのは、もはや形而上学的実在論であって問題とするには及ばない、と泡鳴はいう。しかし、その認識論がこれだけなら単に素朴な主観的認識論にすぎないが、その特異性はそれを「飽くまで主観的に突っ込んで行く」ところのダイナミズムにある。「人間の世界なり人生なりは、実際には万人が万人として知ってる世界や人生ではなくて、彼等がてんでに自分一個の主観に映じて持ってるそれである。云ひ換へれば、自分を帝王とした世界であって、そこには他人の主権を許さない」（「現代将来の小説的発想を一新すべき僕の描写論」大正七）[33]（一八七頁）

これを読めばなんとなく無理のある思想だと感じられることと思う（例えば、最後のほうに出てくる「自己を帝王とした世界」など）。竹内のコメントを引用する。

「しかし、彼の自然観念が基本的に以上のようにまとめられるとしても、そこにはなお問うべき重要な問題が残っているだろう。すなわち、何故、泡鳴はかくも自覚を強調し、努力として主義として自然を語らねばならなかったのか、という問題である。つまり、その努力とは自己の十全なる活動を確保しようとする努力であったが、それが常に自覚――それは覚悟とも言い換えられている――のうちに語られるには、それを強いるような否定情況が自然そのものにおいて予想されるからであり、問うべき問題とはその否定情況とは何か、である。

（デカダンとは――引用者註）僕等の実感を刹那々々の変化中に全部として表象体現するのだ。換言すれば、常に耽溺して常に新らしくその耽溺の淵は肉霊合致の自我その物であるのを発見することだ。執着と悲痛とはどこまでも底がない。（『新自然主義』）

結論をさきにしていえば、その否定情況とはいわゆる独我論的情況の悲痛さである。自己に執着する一元化活動が発見するのは、どこまでも自己の淵であり、そこには出会うべき他者も超越者もいないからである。しかし、その独我論的情況は、こうした一元化活動の結果としてのみ現出したのではない。「暗中を探って救ひを呼べば、響き来たるものは自己の声ばかり」という

「宇宙も人生もただ自我独存であるといふ寂莫感」は、そもそも出発から決して癒され解決されることのない情況なのである。それ故その独我論的情況は、その独我ゆえにさらに、「他に求める物がないから自足、乃ち自己を食って足るより外に道がない。自己を糧としなければ死んでしまふのだ。自己を食ふ生活だ。——これほど悲惨悲痛な活動はなからう。」（『悲痛の哲理』明治四二）という自食的悲痛さを必然的に招かざるをえないのである。つまり、自己一元の心熱活動とは、決して解消されることのない寂莫・悲痛の自食行為なのであり、その心熱が燃焼し一元化すればするほど、その寂莫・悲痛さは深化し相乗されてくることになるのである。(33)」（一九一—一九二頁）

あとがき

私は民間企業に勤めていたし、若い頃から中小企業や（他の）大企業の経営者の苦労を身近に見聞きしてその実感を蓄積してきている。お金を稼ぐことの大変さを知っているつもりである。従って、「経済成長を追わない経済学」（定常経済論）を唱道する際には「泣いて馬謖を斬る」思いがある。

それにもかかわらずなぜ私はこのような主張を含む本を世に出したいのかを自分のこころに尋ねてみると、高校で初めて世界史を習った頃まで遡る。「人類の歴史は戦乱の歴史である」と思った。キリスト教が「原罪」を問題にし、仏教が「執着を断て」と説く理由もそのとき実感した。そして、欧米中心の近代社会以降物質文明が進展し、ついに二度の世界大戦にまでなってしまったが、その後は（戦乱はまだあるが）大局的に見れば「全人類が物欲を高め、物質に逃避することによって人間性の恐ろしさを見ないで済むようにしただけ」であり、正面からの答えは先送りされた、と感じるからである。「これで世界は済まない」。

ところで日本人は本来精神性の豊かな国民であると思う。だからといって、「物質文明の果てにもたらされた今日の世界の危うさを日本人の持つ精神性を取り戻すことで直ちに救える」という単純なものではない。「第二次世界大戦は物質文明の果てに起きた」と言えても、「その一部をなす太平洋戦争は日本人が持つ精神性も原因」と私は考えている。「一歩間違えば危険になる精神性」を日本人は潜在的に持っていると思う。そのような危険が日本人の自覚的反省によって既に克服されたとはとても思えない。確かに功利に走っている今の日本では駄目である。しかしその反動が来るときにも注意する態勢ができていなければならない。

但し、日本人の弱点にもかかわらず、日本人・日本文化・日本語・日本の歴史等に対する私の信念が揺らがないからこそ本書を書いたのである。

いずれにせよ、これらの複雑な関係の全体を捉えて入り組んだ状況の鳥瞰図を描き、ときに矛盾するそれらの要素を全体的に相関的に解決する道を何か模索できないか、というのが本書執筆の意図である。

そのことにどこまで成功したかは読者の批判に待つしかないが、全体の関係についての議論が起きるベースにはなりえたと思っている。

本書ができるまでには多くの方々の力が与っている。「世界的文明の危機と日本文明の役割との接点」という着想がひらめいた大きな機縁として、国際比較文明学会名誉会長で比較思想学会の指導的立場にもある伊東俊太郎東京大学名誉教授の「世界の思想対立の融和を日本の思想が果たせると信ずるが、誰もまだ成功していない。誰かこれに挑戦してくれないか」との、学会でしばしばあったご発言に触発された、ということがある。また、ここまで来られたのも、定年退職後に地球システム・倫理学会で初めてお会いしてから今までずっと私を支援して下さった清水良衞先生のお陰である。また、清水先生が勧めて下さった比較思想学会入会により、現在の会長である東京大学教授の頼住光子先生に本書成立にあたって御世話になることもできた。更に、私が比較思想学会で書評を担当させて頂いた本（『やまと言葉で〈日本〉を思想する』）の著者、東京大学名誉教授の竹内整一先生や『近代日本における功利と道義』の著者、聖学院大学教授の松井慎一郎先生からも本書への励ましを頂くことができた。これらのすべてが華厳思想の言う「関係性」に因ることに驚くとともに、深く感謝したい。

令和二年一月

著　者

■文献一覧■

本書で触れた文献（本文中に挿入した番号〔同一番号が繰り返し別の個所に現われることあり〕）を初出順に記載。なお私の論文・書評は多少手を入れたり一部省略したりした場合がある。〈　〉は本文中で繰り返し言及するときの略称。

（1）ドストエーフスキー『地下室の手記』江川卓訳、新潮文庫、一九七〇年
（2）ユヴァル・ノア・ハラリ『ホモ・デウス　テクノロジーとサピエンスの未来』（上）（下）巻、柴田裕之訳、河出書房新社、二〇一八年〈ホモ・デウス〉
（3）松井孝典『地球システムの崩壊』新潮社、二〇〇七年〈崩壊〉
（4）拙稿「健全な母性原理の日本社会構築に向けて」地球システム・倫理学会会報（二〇一五年）
（5）竹村牧男『華厳とは何か』春秋社、二〇〇四年、〈華厳〉
（6）頼住光子『正法眼蔵入門』角川ソフィア文庫、二〇一四年
（7）岸根卓郎『環境論』ミネルヴァ書房、二〇〇四年、〈環境論〉
（8）岸根卓郎『文明の大逆転』東洋経済新報社、二〇〇二年
（9）松井慎一郎『近代日本における功利と道義』北樹出版、二〇一八年
（10）河合隼雄『中空構造日本の深層』中公文庫、一九九九年
（11）河合隼雄『神話と日本人の心』岩波書店、二〇〇三年
（12）上野景文『現代日本文明論』第三企画、二〇〇六年

（13）新渡戸稲造『武士道』岩波文庫、一九三八年
（14）加藤陽子『戦争の日本近現代史』講談社現代新書、二〇〇二年
（15）拙稿　書評　松井慎一郎「近代日本における功利と道義――福沢諭吉から石橋湛山まで」（北樹出版、二〇一八年九月）比較思想研究45号（二〇一八年度）
（16）相良亨『武士道』講談社学術文庫、二〇一〇年
（17）河合隼雄『河合隼雄のスクールカウンセリング講演録』創元社、二〇〇八年
（18）水村美苗『日本語が亡びるとき』ちくま文庫、二〇一五年
（19）白川俊介『ナショナリズムの力――多文化共生世界の構想』勁草書房、二〇一二年
（20）千葉眞『連邦主義とコスモポリタニズム――思想・運動・制度構想-政治理論のパラダイム転換』風行社、二〇一四年
（21）鈴木大拙『日本的霊性　完全版』角川ソフィア文庫、二〇一〇年
（22）拙稿「経済のあり方の世界的方向転換――定常経済論に依拠しつつ」地球システム・倫理学会会報（二〇一七年）
（23）清水良衞「仏教経済（学）の心に地球の再生を」地球システム・倫理学会会報（二〇一〇年）
（24）清水良衞『日本学のすすめ』北樹出版、一九八八年
（25）広井良典『ポスト資本主義』岩波新書、二〇一五年、〈ポスト〉
（26）秋山英夫『思想するニーチェ』人文書院、一九七五年
（27）眞田収一郎『力への意志――ニーチェ肉体論』風濤社、二〇一六年

（28）今道友信「美学とニーチェ」渡辺二郎・西尾幹二編『ニーチェ物語』有斐閣ブックス、一九八〇年
（29）竹内整一『ありてなければ』角川文庫、二〇一五年、〈ありてなければ〉
（30）唐木順三『無常』ちくま学芸文庫、一九九八年、〈無常〉
（31）拙稿「共苦による仏教・キリスト教協働の提言」比較思想研究43号（二〇一六年度）
（32）谷崎潤一郎『春琴抄』新潮文庫、一九五一年
（33）竹内整一『自己超克の思想』ペリカン社、一九八八年初版、二〇〇一年新装版、〈自己超克〉

【その他の参考文献】

トーマス・マン『ワーグナーと現代』小塚敏夫訳、みすず書房、一九七一年
河合隼雄『ユング心理学入門』陪風館、一九六七年
河合隼雄『母性社会日本の病理』中央公論社、一九七六年
河合隼雄『河合隼雄全対話3　父性原理と母性原理』第三文明社、一九八九年
同『河合隼雄全対話9　母性社会日本を生きる』第三文明社、一九九八年
丸山眞男『現代政治の思想と行動』未来社、一九六四年
遠山義孝『ショーペンハウアー　人と思想　77』清水書院、一九八六年
辻学『隣人愛のはじまり』新教出版社、二〇一〇年
増谷文雄『仏教とキリスト教の比較研究』筑摩書房、一九六八年
エーリッヒ・フロム『人間における自由』谷隆之助他訳、東京創元社、一九四七年

同『精神分析と宗教』谷隆之助他訳、東京創元社、一九五三年
同『自由からの逃走』日高六郎訳、東京創元社、一九五一年
竹内整一『やまと言葉で〈日本〉を思想する』春秋社、二〇一五年
ハーマン・デイリー『「定常経済」は可能だ！』岩波書店、二〇一四年
同『持続可能な発展の経済学』新田功他訳、みすず書房、二〇〇五年
広井良典『定常型社会』岩波新書、二〇〇一年
三宅芳夫・菊池恵介編『近代世界システムと新自由主義グローバリズム』作品社、二〇一四年
セルジュ・ラトゥーシュ『〈脱成長〉は、世界を変えられるか？』中野佳裕訳、作品社、二〇一三年
カント『永遠平和のために』宇都宮芳明訳、岩波文庫、一九八五年

［著者略歴］

松田　康男（まつだ　やすお）

1951年熊本市生まれ。私立開成高等学校・東京大学法学部卒業後ドイツのボッシュ社の日本法人に勤務し、米国駐在・ドイツ人達との長期海外出張（中国・東南アジア・中南米他）等の異文化体験を持ち、定年退職後は地球システム・倫理学会、比較思想学会（評議員）に於いて論文・書評を発表している。

文明破滅の危機と日本——日本人は世界を救えるか？

2020年2月10日　初版第1刷発行

著　者　松　田　康　男
発行者　木　村　慎　也
印刷　中央印刷／製本　川島製本

発行所　株式会社　北　樹　出　版

http://www.hokuju.jp
〒153-0061　東京都目黒区中目黒1-2-6
TEL：03-3715-1525（代表）　FAX：03-5720-1488

ISBN 978-4-7793-0623-5